ALIMENTS GUÉRISSEURS et COMPLÉMENTS ALIMENTAIRES

6, rue Régis – 75006 Paris
Tél. 01 42 22 56 84 - Fax : 01 42 22 65 62

Imprimé en France

I.S.B.N. 2-84197-233-X

Philippe Kerforne

ALIMENTS GUÉRISSEURS et COMPLÉMENTS ALIMENTAIRES

Éditions TrajectoirE

INTRODUCTION

Outre le fait de nous nourrir, notre alimentation quotidienne peut être aussi notre premier médicament, nous mettant ainsi à l'abri de la plupart des maladies.

Cette position n'a rien d'innovant. Elle était déjà celle d'Hippocrate il y a près de deux mille quatre cents ans ! Depuis, cette évidence a été largement oubliée.

Il importe de lui redonner une actualité immédiate au vu de toutes les catastrophes entraînées par les méfaits d'une agriculture industrialisée à outrance qui est à l'origine de nombreuses maladies.

Il suffit en effet de jeter un coup d'œil à notre nourriture actuelle, à la base du bon fonctionnement de nos cellules, et à nos habitudes alimentaires désastreuses pour être atterré.

Notre nourriture est de plus en plus raffinée, contaminée par des produits chimiques, des herbicides, des pesticides, des colorants, des agents de conservation. La viande, sans parler de la maladie de la vache folle (ESB ou encéphalite spongiforme bovine), est de plus en plus " empoisonnée " aux antibiotiques et aux hormones de croissance.

Que dire de l'eau ! Si elle est chlorée pour la débarrasser de ses microbes, elle n'en contient pas moins des matières lourdes telles que le mercure, le plomb, les PCB....

L'air est pollué par les fumées toxiques diverses émanant aussi bien des cheminées des usines que des tuyaux d'échappement des véhicules automobiles (en particulier le monoxyde de carbone).

Toutes ces agressions extérieures finissent par fragiliser le corps humain et, notamment dans les sociétés " développées ", nous tombons de plus en plus souvent malades.

Malheureusement, la plupart du temps, nous rajoutons à cette pollution chimique en nous soignant avec des médicaments... chimiques, aux effets secondaires souvent mal connus et mal contrôlés.

Fort heureusement, la poussée des médecines douces, ces vingt dernières années, est un phénomène assuré. Ces médecines ont permis l'émergence d'une " autre façon " plus globale, de soigner grâce à laquelle on traite un malade et non plus seulement une maladie. Ainsi, deux personnes, souffrant extérieurement de la même affection, pourront être soignées avec des remèdes différents, correspondant à leur " spécificité ".

Parmi les causes fondamentales de déclenchement des maladies, on attache de plus en plus d'importance à l'alimentation, facteur aggravant de nombreuses affections, si ce n'est de la majorité d'entre elles.

Cette constatation est relevée et révélée par un nombre croissant d'études étiologiques (l'étiologie est une science médicale s'appliquant à rechercher les causes des maladies). On y remarque notamment l'influence des diverses pollutions sur notre alimentation actuelle. Non seulement la nourriture moderne est polluée mais elle est souvent dépourvue de nombre des propriétés nutritives de base.

D'une manière générale, les aliments que nous ingérons sont trop raffinés (pains, sucres, pâtes... souvent industriels), nous absorbons trop de mauvaises graisses (ce qui entraîne l'ingestion d'un excès de gras hydrogénés et de gras saturés), trop de sucres, trop de protéines animales...

Ainsi, paradoxalement, la nourriture des pays développés dite riche est... " pauvre " en vitamines, en acides gras essentiels, en fibres alimentaires, en minéraux... ! L'homme moderne développe ainsi des carences qu'il pourrait largement éviter s'il consommait plus de produits frais... de qualité !

Encore un autre piège dans lequel tombe le consommateur non-averti. Il croit trop souvent que le fait de manger des fruits et des légumes, par exemple, peut compenser ses carences ! Malheureusement, beaucoup de ces aliments, la plupart du temps achetés en grandes surfaces, et même parfois sur les marchés, sont issus de l'agriculture industrielle et dépourvus de nombre de leurs capacités nutritives naturelles biologiques à cause d'une production intensive à coups d'engrais de synthèse.

Il importe donc de savoir se tourner vers des aliments véritablement biologiques qui, fort heureusement, sont de plus en plus accessibles au citadin. Il en va de votre santé présente et future de faire ce type de choix même s'il s'accompagne parfois d'un petit sacrifice financier. De grâce, n'hésitez pas à payer cinquante centimes d'euro de plus afin d'acheter de véritables carottes, ayant un vrai goût et de véritables propriétés thérapeutiques de base !

La nécessité de bien s'alimenter est plus que nécessaire surtout dans notre civilisation d'abondance où la nourriture ne manque pas... en quantité, mais hélas en qualité.

Le monde occidental n'a jamais été aussi bien approvisionné depuis 2000 ans.

Et pourtant nous n'avons peut-être non plus jamais été aussi mal nourris ! Trois grandes menaces pèsent en effet sur le contenu de notre assiette :

- L'appauvrissement généralisé des aliments riches en nutriments de bonne qualité, en micro-nutriments (vitamines, oligo-éléments, acides gras essentiels) et en sels minéraux, affaiblissant notre état général.
- La surconsommation de sucres rapides et raffinés fragilise le pancréas et est la cause de l'obésité à cause du stockage des graisses que ces sucres impliquent.
- La trop grande consommation de graisses animales saturées augmente le taux de mauvais cholestérol appelé LDL (Light Density Lipids) au détriment du HDL (High Density Lipids), entraînant la formation de plaques d'athérome sur les parois artérielles et facilitant l'apparition des problèmes cardio-vasculaires (infarctus), des accidents cérébraux, du vieillissement accéléré... mais aussi des cancers hormono-dépendants (du sein, de l'utérus, des ovaires...).

Une pauvre alimentation de riches

Cette " pauvre alimentation de riches " entraîne irrémédiablement l'apparition ou le développement de nombreuses maladies " alimentaires ".

Ainsi, il a été établi un rapport entre le cancer, l'excès de lipides (les graisses) et l'insuffisance de l'ingestion de fibres alimentaires.

Dans le même ordre d'idée, de nombreuses maladies cardiaques dues à l'athérosclérose ont les mêmes causes, déjà citées, auxquelles il faut ajouter une carence en certains sels minéraux comme le cuivre et le magnésium.

De plus, contrairement à ce que beaucoup pensent, ces problèmes alimentaires ne se rencontrent pas uniquement en Occident mais se mondialisent à une époque où les mœurs alimentaires de beaucoup de peuples deviennent semblables aux nôtres. Ainsi, la Chine, avec le Japon, fait partie des nombreux pays où commencent à proliférer les mêmes maladies que chez nous à cause, pour une part, de la multiplication des chaînes de restaurations rapides et autres fast food !

Redécouvrir la vertu de bien se nourrir

Les aliments jouent un rôle thérapeutique de premier plan... à condition de bien les choisir !

C'est le but que veut vous aider à atteindre ce guide des aliments qui guérissent.

Cependant, cet ouvrage ne remplirait pas le véritable objectif de son auteur, votre serviteur, s'il se contentait d'être un simple “ dictionnaire des aliments de A à Z et de leurs propriétés thérapeutiques ”, car se nourrir n'est pas une activité isolée. Bien se nourrir ne suffit pas pour prévenir la maladie ou se soigner grâce à son alimentation. Cette “ nouvelle attitude ” s'inscrit dans une perspective plus large qui ne se réduit pas à ce que vous mangez ou buvez.

Bien se nourrir doit se conjuguer avec trois autres obligations : la pratique de l'exercice physique, le maintien d'un bon équilibre psychologique et la qualité de votre environnement.

Une bonne alimentation est destinée non seulement à vous donner ou à vous faire recouvrer un bon état de santé physique mais aussi à développer pleinement vos potentialités.

Hors le développement conjoint des quatre piliers de la santé totale (alimentation, activité physique, équilibre psychologique, environnement), il est impossible de donner des fondations solides à votre développement personnel. Ce parti pris est d'ailleurs celui de la plupart des médecines douces, traditionnelles et alternatives.

Dans cet ouvrage, je me consacrerai à vous proposer une véritable alimentation thérapeutique.

Par une nourriture adéquate, vous pouvez rééquilibrer les principales fonctions de votre corps physique mais aussi de votre esprit, et participer d'une façon active à sa purification, à sa détoxination, à sa (re)minéralisation, à sa dynamisation, à son rajeunissement…

A vous de jouer à présent !

CHAPITRE I

Données à connaître pour obtenir une alimentation saine

Il est utile d'aborder immédiatement " quelques données à connaître pour avoir une alimentation saine. " Elles sont fondamentales si vous souhaitez que les aliments deviennent votre premier médicament. Elles concernent les différents aspects et productions de l'agriculture biologique. Comme on l'a dit, il est préférable de consommer des produits bios, mais si cela vous paraît compliqué, tous les conseils de cet ouvrage demeurent parfaitement valables avec les aliments courants.

L'agriculture biologique

L'agriculture biologique est fondée sur le respect de la terre, de l'environnement, des cycles biologiques, de l'animal et sur l'attention portée à la production d'une alimentation saine, exempte de tous engrais ou substances chimiques de synthèse, que ce soit pour la production, la protection ou la conservation des aliments produits qui sont dits alors biologiques.

Un produit est souvent abusivement appelé biologique. Il est en effet plus exact de parler de " produit issu de l'agriculture biologique ". C'est d'ailleurs la mention que l'on trouve sur les " produits biologiques ". Elle certifie que le produit a bien été cultivé, transformé, conservé et transporté d'une manière biologique, c'est-à-dire en respectant l'état d'esprit présidant à l'agriculture biologique. Mais il est difficile de parler de produit biologique au sens strict du terme vu l'état de pollution de notre environnement.

La mention “ biologique ” s’applique donc non pas au produit lui-même mais à tout le processus respecté par l’agriculteur dans la chaîne de production. C’est évidemment sans compter sur les facteurs extérieurs que ne maîtrise pas l’agriculteur biologique : l’état général de l’environnement, les méthodes de production des producteurs voisins, l’épandage sur les champs voisins d’engrais de synthèse chimiques...

Pour être sûr qu’un aliment est “ issu de l’agriculture biologique ”, la plupart du temps, il convient de vérifier s’il porte le logo AB (Agriculture Biologique). Ce label est une mention facultative élaborée par le Ministère de l’agriculture qui garantit une production respectant la réglementation et les cahiers des charges mis en place pour encadrer l’agriculture biologique. Cet aliment contient à plus de 95 % des ingrédients issus de l’agriculture biologique.

On peut aussi trouver ce logo AB sur des produits venant de la CEE et même d’ailleurs. Pour les produits importés en provenance des pays ne faisant pas partie de la CEE, les vérifications sont plus difficiles. En effet, si les systèmes de contrôle et de réglementation sont normalisés au sein de la CEE, il n’en est pas de même pour les autres pays, sauf ceux ayant adopté des législations équivalentes à celles admises dans la Communauté : Argentine, Australie, Hongrie, Israël et Suisse. Les produits en provenance de ces contrées sont garantis aussi sûrs que ceux de la CEE.

En revanche, pour les autres pays, l’importateur doit prouver que le produit a été fabriqué suivant des normes de production de transformation et de contrôle équivalents à celles de la CEE. En effet, certains pays de la CEE se montrent plus tolérants que d’autres pour accorder leur agrément d’importation.

La production d'un produit "bio"

Il serait naïf de penser qu'un agriculteur "bio" n'utilise pas d'engrais ou de pesticides. La seule différence avec son alter ego " industriel " est qu'il n'emploie que des substances respectant la plante et son environnement et qui n'appauvrissent pas abusivement les sols (quand ils ne les stérilisent pas !). Ainsi, il n'utilise des engrais organiques et des minéraux autorisés par les organismes de contrôle qu'à partir du moment où, eux aussi, ont été produits biologiquement. Il en existe très peu d'agréés. Parmi les plus courants, on peut citer le compost de déchets ménagers, le fumier, les excréments humains ou animaux, le guano.

De même, pour enrichir la terre, l'agriculteur biologique pratique la rotation des cultures consistant à alterner la production de ses produits "bio" avec celles de plantes ou de légumineuses à enracinement profond.

Pour protéger ses cultures des parasites, des maladies ou de ses ennemis naturels, l'agriculteur biologique est autorisé à utiliser des procédés mécaniques : le désherbage par le feu, l'entretien des haies...

Si ces mesures ne suffisent pas, il peut employer sous certaines conditions des produits phytosanitaires d'origine animale ou végétale. Il a d'ailleurs été prouvé que la teneur des produits "bio" en résidus de pesticides est extrêmement faible. Ce qui est rarement le cas des aliments dits normaux. Il faut rappeler que les pesticides chimiques sont des produits phytosanitaires employés pour venir à bout des animaux (insecticides), des micro-organismes (fongicides) et des plantes parasites (herbicides). Tous les pesticides sont donc toxiques pour l'homme même à doses infimes, a fortiori s'ils sont ingérés régulièrement. Cet empoisonnement au long cours va de la simple nausée à l'empoisonnement en passant par les ennuis gastriques les plus variés, la baisse du taux de spermatozoïdes, le cancer...

Les mêmes règles draconiennes s'appliquent pour les insecticides ou les répulsifs, l'agriculteur ne pourra employer que des produits ne venant pas de l'industrie de synthèse. Il pourra prendre, par exemple, de la cire d'abeille, de la lécithine, des huiles essentielles...

On s'est aussi longtemps demandé si les produits "bio" contenaient des nitrates. On sait que les engrais de l'agriculture industrielle en contiennent beaucoup. Rappelons que les nitrates sont des dérivés de l'acide nitrique. Une fois répandus dans le sol, ils se fixent sur les racines des plantes, dans les aliments eux-mêmes et dans les eaux d'écoulement, les cours d'eau...

Une fois ingérés, ils se transforment en nitrites qui provoquent des désordres organiques pouvant favoriser à long terme le développement de cancers digestifs. Si la teneur en nitrates de l'eau du robinet est limitée à 50 mg par litre, en revanche pour l'alimentation, il n'existe aucun seuil réglementaire !

Il faut donc essayer de boire et de manger " bio ". Si ce n'est pas possible ou en cas de choix limité, il faut absolument éviter les aliments-racine, c'est-à-dire poussant majoritairement sous le sol, issus des cultures chimiques : carottes, navets, betteraves, radis...

Le problème de la teneur en nitrates est plus complexe pour les engrais "bio", car s'ils n'ont pas de nitrates parmi leurs composants, ils renferment de l'azote qui, une fois dans le sol, produit des nitrates ! Donc un légume " bio " ne contient pas obligatoirement moins de nitrates qu'un légume “ ordinaire ”. Tout dépendra de l’utilisation que fera l’agriculteur “ bio” de ses engrais biologiques : type, dose ...

De même, un produit issu de l’agriculture biologique ne contient pas normalement d’OGM (organisme génétiquement modifié), mais en réalité le problème est plus complexe. Effectivement un agriculteur bénéficiant de la mention AB ne doit en aucun cas utiliser des OGM pour la production de produits végétaux destinés à la consommation animale ou humaine. Ceux-ci peuvent néanmoins en contenir dans les 5 % d’ingrédients “ non-bio ” autorisés par la loi ! Toute liberté est alors laissée aux agriculteurs biologiques d’y introduire des OGM ou non. Il faut donc leur faire confiance et leur laisser le bénéfice du doute. Dans la mesure où ils ont choisi une voie de production biologique, ils sont normalement moins enclins que les agriculteurs conventionnels à utiliser des ingrédients avec OGM. L’environnement agricole actuel étant ce qu’il est, pollué et utilisant massivement des substances chimiques, une culture “ bio ” peut fort bien être pollinisée par des OGM venant de champs conventionnels proches !

Pour ne pas se faire piéger

Vous aurez compris de tout ce qui vient d’être dit que toutes les autres mentions “ produit fermier ”, “ produit naturel ”, “ sans traitement ”, “ nourri uniquement avec des aliments biologiques ”... sont des mentions n’engageant... que ceux qui les utilisent si leurs produits n’affichent pas le logo AB.

De même, acheter dans une coopérative, un magasin ou sur un marché “ bio ” ne signifie pas obligatoirement que tout ce qui s'y vend est véritablement issu de l'agriculture biologique. Il faut donc se méfier de l'unique mention " bio ", comme celle qui est affichée de plus en plus souvent dans des rayons entiers de grandes surfaces, qui, réglementairement, ne présentent pas une garantie absolue. Toutefois il s'agit d'un premier pas important dans le bon sens.

Il convient donc dans votre recherche d'aliments guérisseurs de privilégier les produits arborant le logo AB. Il est à noter que la part de marché de la grande distribution dans la commercialisation des produits "bio" ne cesse d'augmenter à cause de la montée des préoccupations écologiques du consommateur moyen et des revenus énormes que cette tendance va générer dans les prochaines années. Si cette vague de la distribution "bio" en grande surface contribue au développement d'une alimentation saine, il n'en reste pas moins qu'elle risque de générer des dangers dans la mesure où la grande distribution cherche toujours les prix les plus bas. Les risques sont alors de voir disparaître les petits producteurs, se regrouper et se concentrer les moyens de production "bio", diminuer la qualité.

Chez les petits détaillants (magasins indépendants, chaînes de magasins "bio", coopératives, boulangeries-pâtisseries, boucheries… "bio"), le consommateur a plus de chance de trouver une grande diversité de produits naturels qu'en grande surface et souvent de meilleure qualité, notamment des aliments du terroir qui, vu les prix d'achat pratiqués dans la grande distribution, ne peuvent pas y trouver leur place.

Les points de vente se disant "bio" sont contrôlés comme tous les commerces par l'administration des fraudes et par des inspecteurs de l'hygiène, ni plus ni moins, non pas sur des critères "bio" mais suivant les réglementations des fraudes et les normes d'hygiène habituelles.

Voyons à présent les différentes et principales production " bio " présentes sur le marché.

Le pain "bio"

Un pain est dit "bio" quand les matières premières employées pour sa fabrication (farine et levain) viennent de l'agriculture biologique.

Quant à la méthode de panification, si elle dépend de chaque boulanger ; l'état d'esprit "bio" veut qu'elle soit artisanale. Ainsi, n'importe quel boulanger non "bio" voulant faire du pain "bio" est tout à fait libre de fabriquer du pain "bio" et du pain non "bio" dans le même pétrin à condition de respecter des règles de nettoyage, de stockage et d'information du consommateur.

Le pain "bio" est fabriqué en général avec de la farine complète ou intégrale qui a été peu ou pas raffinée. Elle est donc dotée d'une valeur nutritive beaucoup plus importante que celle du pain normal.

Il faut donc préférer, certes un pain "bio", mais de préférence complet car les pesticides se fixent dans l'enveloppe externe du grain. Ce qui entraîne que les pains complets non "bio" peuvent en contenir beaucoup. Ce qui ne peut pas arriver avec un pain "bio" complet.

Le vin "bio"

Comme le pain "bio", le vin "bio" doit être fabriqué uniquement avec des ingrédients d'origine biologique. Ce qui entraîne plus de contraintes qu'avec le pain du fait du processus de fabrication du vin exigeant un entretien rigoureux du vignoble, une fertilisation sans fongicides ni engrais chimiques, pas d'épamprage (coupe de certains rameaux) chimique...

Les méthodes de vinification doivent, elles aussi, répondre à des critères très stricts car les ajouts chimiques sont très limités. Le viticulteur "bio" ne peut pas employer de traitement chimique pour stabiliser son vin. Il lui est interdit d'utiliser des produits fort répandus dans la vinification habituelle comme l'acide ascorbique, l'acide scorbique, le ferrocyanure de potassium... Enfin, les quantités d'antiseptiques et de conservateurs du vin admis sont nettement moins importantes que celles des seuils légaux habituels.

La production de vin "bio" a nettement progressé ces dernières années et a permis entre autres de sauver des vignobles qui étaient condamnés à terme par l'emploi abusif de pesticides et de traitements agressifs pour la terre. Cet élan a permis de revenir à une vision et à des méthodes plus proches de la nature. Celle-ci est parfois la grande oubliée d'une partie de la viticulture qui a délaissé la philosophie terrienne de nos ancêtres au bénéfice de la rentabilité et du profit !

Contrairement à ce que beaucoup croient, il existe des grands crus parmi les vins "bio" et non pas uniquement de la piquette ou du vin sans caractère, en particulier dans les vins de Bordeaux et les champagnes. Les vins produits ainsi sont moins chargés en résidus chimiques et en pesticides que les productions courantes.

Il n'existe pas de logo AB pour le vin comme dans l'alimentation biologique, ni de réglementation particulière à la vinification biologique. Il est donc préférable de se fier à son instinct ou à ses connaissances pour choisir un vin véritablement “bio” ou plutôt, comme nous l’avions souligné pour l’agriculture biologique, un “ vin issu de raisins de l’agriculture biologique ”, ce qui est une appellation plus exacte.

Les produits animaux

De la même façon que les aliments “bio” en général, la vente de viande “bio” connaît un certain essor depuis quelques années, notamment depuis le scandale de l’ESB (la maladie de la vache folle) conséquence de l’autre scandale de la dernière décennie : l’utilisation de farines animales pour nourrir des animaux végétariens !

Ces farines sont d’autant plus frelatées qu’elles ont pu contenir aussi bien des morceaux pourris de bêtes que des huiles de vidange, voire d’autres matières encore plus innommables.

Ces fléaux déconsidèrent l’alimentation carnée sans parler d’autres abominations comme le problème des dioxines et l’utilisation abusive d’antibiotiques chimiques.

Les dioxines existant dans les farines animales, ne se retrouvent évidemment pas dans les produits animaux “bio” car les élevages “bio” n’ont pas le droit d’employer ces farines frelatées. Le seul risque de retrouver des dioxines dans de la viande “bio” provient uniquement de la qualité environnementale des fermes “bio”.

En effet, un champ “bio” est aussi exposé que son pendant “ normal ” aux retombées des usines d’incinération de déchets, même si les taux seraient tout de même plus faibles que ceux d'une viande provenant d'un élevage industriel utilisant des farines animales.

Obliger des animaux qui, par nature, ne mangent pas de viande à en consommer, constitue un absurde animalo-cannibalisme, qui prouve l'état de dégradation éthique dans lequel se trouve notre monde actuel.

Les animaux élevés dans des fermes “ bio ” mangent en général une nourriture issue de leur milieu naturel ou fabriquée selon les normes de l'agriculture biologique.

Pour les vaches, les bœufs et les veaux, les sources principales obligatoires de nutrition sont le pâturage et le fourrage auxquels peuvent être ajoutés des compléments (dont la liste est limitative) à base de concentrés protéiniques (notamment des tourteaux de soja, de provenance biologique de préférence) et non lipidiques, pour ne pas faire grossir les animaux de façon artificielle. Le fourrage et les concentrés (de luzerne par exemple) doivent venir de l'exploitation elle-même, au pire d'autres fermes à condition qu'elles soient agréées comme biologiques.

Le fermier biologique peut introduire un maximum de 10 % de nourriture “ non-bio ” à condition qu'il s'agisse de fourrages de reconversion... et encore, seulement en raison de circonstances exceptionnelles (mauvaises récoltes biologiques, catastrophes naturelles et climatiques).

La production de viande “ bio ” est en augmentation rapide. Pour obtenir une certification officielle elle doit provenir d'un animal ayant été élevé, nourri, transporté, tué, puis transformé suivant des cahiers des charges très précis.

Un soin très précis doit être apporté à l'élevage de l'animal, en général en plein air, avec de l'espace. Bien plus, il doit être nourri d'aliments naturels habituels pour sa race (végétaux, herbe, racines) ou avec des produits « bio » certifiés.

Il n'est, en aucun cas, élevé en batteries et nourri de farines animales. Selon les réglementations, la nourriture des élevages « bio » doit être à 95 % issue de produits végétaux provenant en général de l'agriculture biologique. Il peut cependant y avoir 5 % d'alimentation « autre », en général des farines de poisson, qui, la plupart du temps, ne proviennent pas de fermes aquacoles mais de poissons pêchés en haute mer.

A noter qu'il n'y a pas officiellement de foie gras "bio" car cette production est jugée éthiquement discutable par les tenants de l'agriculture « bio », opposés au gavage et au grossissement forcé du foie des canards ou des oies.

En ce qui concerne un produit de grande consommation comme l'œuf « bio », il provient obligatoirement de poules élevées et nourries en conformité avec la réglementation de l'agriculture biologique (plein air, espace herbeux suffisant d'au minimum 3 m^2 par poule, soins limités et majoritairement non chimiques, traitements homéopathiques limités à 3 pendant une même période de ponte, alimentation biologique et/ou naturelle, utilisation de compléments alimentaires, de vitamines, de minéraux « bio »).

En général, l'œuf porte une indication ou un tampon sur sa coquille et il est conditionné dans des boîtes où est indiquée la mention « œufs de poules élevées en plein air » complétée d'une étiquette de l'organisme ayant agréé ces œufs accompagnée du logo AB.

La boîte doit enfin porter la date d'emballage et/ou la date limite de consommation (sachez qu'elle est de 21 jours après la date de ponte si celle-ci n'est pas indiquée).

Utilisation de traitements majoritairement homéopathiques

De même, en cas de vaccination ou de maladie, les traitements vétérinaires allopathiques et chimiques sont rares. Des méthodes relevant de la phytothérapie et de l'homéopathie sont le plus souvent utilisées.

Le recours aux antibiotiques, massif dans l'agriculture industrielle, est ici très réduit. Si cela se produit (au maximum une à deux fois par an), pour des animaux laitiers, il est ensuite interdit de vendre leur lait jusqu'à la prochaine lactation. Un carnet d'élevage obligatoire (consignant les soins et les interventions vétérinaires) permet d'être au courant de l'historique vétérinaire de chaque animal. Il peut être contrôlé à tout moment et doit être présenté sous peine de lourdes sanctions pouvant aller jusqu'au retrait de l'agrément “ bio ”.

L'accent est mis sur la prévention des maladies. Celles-ci sont d'ailleurs limitées par le respect des conditions de vie normales des bêtes d'élevage “ bio ” décrites plus haut : en plein air, nourriture naturelle, respect de la durée de vie normale, espace suffisant aussi bien pour grandir que pour le transport, abattage respectueux...

Toutes ces conditions évitent le stress, grand facteur de maladie, qui est responsable, entre autres, des hécatombes constatées chez les animaux élevés suivant les principes industriels.

Un soin tout particulier est aussi apporté au respect de l'animal au moment de son transport sur son lieu d'abattage.

Le poisson " bio "

Les conditions imposées à l'agriculture biologique s'appliquent évidemment aux animaux destinés à la production de viande mais aussi à la production de poisson " bio ", en particulier aux fermes piscicoles prétendantes à la certification " bio ", majoritairement pour des élevages de truites et de saumon, pour le moment.

Il faut, en ce qui concerne le poisson, préférer l'acheter chez un poissonnier et choisir plutôt du poisson qui a été pêché en haute mer et frais même si la pollution marine commence à faire des ravages.

Si vous vous fournissez à votre grande surface habituelle, les labels " pêché en haute mer " et, si possible, " congelé à bord " (ou mention équivalente), notamment pour le poisson acheté congelé, sont encore des garants d'une certaine qualité.

En revanche, en ce qui concerne les crustacés, les huîtres, les coquillages, les œufs de poisson (lump, caviar, cabillaud...), il n'existe pas de réglementation officielle. Seuls des organismes comme Nature et Progrès accordent des labels à certains produits de la mer.

Les produits de la ruche " bio "

En ce qui concerne les produits de la ruche (gelée royale, miel, pollen, propolis, cire), il existe aussi une réglementation prenant en compte les zones de butinage (éloignées des cultures traitées à l'aide de pesticides, en particulier pendant le période de floraison) et les traitements vétérinaires (pas d'antibiotiques).

La récolte et la préparation du miel, du pollen et de la gelées royale doivent aussi répondre à des critères précis : répulsifs chimiques interdits, pas du chauffage du miel à plus de 40°C (de même que le pollen) au moment de son extraction et de son conditionnement, ceci afin d'en préserver les qualités nutritionnelles.

La gelée royale, quant à elle, doit être conditionnée dans des flacons isothermes et opaques dans un strict respect de la chaîne du froid (entre 2 et 5°C).

Les produits transformés

Un produit transformé " bio " doit contenir au moins 70 % de composants d'origine biologique et avoir été traité selon une méthode de transformation particulière. Les composants constituant les 30 % restant sont des ingrédients d'origine agricole autorisés et figurant sur une liste limitative, principalement du cacao, du sirop d'érable, des algues, des graines de sésame, du miel, de la noix de coco... à condition que leur production en mode biologique soit insuffisante ou indisponible.

Le processus de transformation du produit doit, de plus, ne pas contenir d'additifs alimentaires chimiques soupçonnés d'être dangereux pour la santé. Sont ainsi interdits les colorants (E100 à E099), les agents conservateurs (E200 à E299), les antioxydants (E300 à E399), les agents de texture (E400 à E499), les antimoussants, les aromatisants, les correcteurs d'acidité, les édulcorants, les exhausteurs de goût...

En revanche, il existe une liste d'additifs et d'auxiliaires de transformation autorisés d'origine végétale et/ou biologique. On y trouve entre autres : la caséine, les algues, la cire d'abeille, le chlorure de calcium et de magnésium, la farine de riz, les huiles végétales...

Seuls les procédés de conservation naturelle (lacto-fermentation et stérilisation) sont permis. Par contre, l'ionisation (destruction bactérienne radioactive) est proscrite.

Il ne faudrait cependant pas conclure de ce tableau idyllique que tout va pour le mieux dans le meilleur des mondes biologiques. En effet, même les tenants, les producteurs et les consommateurs de la filière "bio" sont avant tout... des hommes et des femmes ! Donc faillibles et sujets aux erreurs !

D'ailleurs, les produits "bio" sont soumis aux mêmes contrôles d'hygiène que tous les autres produits de la chaîne alimentaire.

De même, pour éviter les problèmes, certaines mesures ont déjà été prises : conditionnements opaques pour les bouteilles d'huile, dates de péremption plus courtes pour les produits frais, en particulier laitiers, amélioration de l'hygiène des locaux où sont traités ou transformés les produits "bio", meilleure information du consommateur, sensibilisation au respect de la chaîne du froid...

Cependant, il est une chose incontestable : Même si on tient compte de la faiblesse humaine, les agriculteurs " bio " sont majoritairement animés par un certain humanisme, souvent absent de la filière agricole industrielle. Ils s'attachent à respecter l'environnement et la terre, à ne pas détruire le premier et à ne pas polluer la seconde, notamment le sous-sol, la nappe phréatique et les cours d'eau.

Ils sont soucieux de produire une alimentation saine pour

l'homme respectant le mode de vie naturel des animaux qu'ils élèvent, des conditions de transport et d'abattage décentes et les processus de production, de transformation et de vente des produits biologiques.

Les aliments transgéniques

Les aliments transgéniques sont des organismes génétiquement modifiés à l'aide de techniques du génie génétique. Plus exactement, les OGM sont des organismes dont la totalité des gènes contenus dans chaque cellule a été modifiée par l'introduction d'un gène étranger provenant d'une bactérie, d'une plante ou d'un autre organisme.

Toutes les cellules des organismes génétiquement modifiés contiennent le gène étranger transplanté qui se transmet alors à toute leur descendance.

Cela fait déjà une trentaine d'années que ces techniques génétiques sont appliquées principalement aux plantes avec pour buts officiels :

- d'en améliorer le goût.
- d'en changer la couleur.
- d'en augmenter la masse.
- de multiplier les rendements.
- de les rendre plus résistantes à la sécheresse, au froid, aux intempéries.
- de les renforcer contre les maladies et leurs prédateurs naturels.
- de les aider à supporter de longs stockages.
- de supprimer l'utilisation des antibiotiques et autres

traitements médicaux mais aussi des insecticides, des pesticides et autres herbicides qui ne sont pas non plus sans danger sur la santé humaine.

Si ces nouvelles plantes semblent présenter de nombreux avantages, il n'en reste pas moins que, étant cultivées en extérieur, elles peuvent, par la pollinisation, transférer leurs fabuleuses propriétés à des végétaux concurrents naturels, risquant de rendre des mauvaises herbes résistantes... aux herbicides !

Ces objectifs, apparemment fort humanistes et respectables, cachent cependant les ambitions de certains grands groupes et laboratoires spécialisés dans l'agriculture industrielle cherchant à capter les plus grosses parts d'un marché très juteux, en imposant par exemple des semences résistantes qu'ils seraient les seuls à commercialiser. Et donc les seuls à contrôler et protéger contre les prédateurs naturels, ces marchés s'ajoutant à ceux de la vente des substances permettant de les faire pousser et de les défendre contre les agressions extérieures.

L'autre danger de ces manipulations génétiques est de voir apparaître de nouvelles substances toxiques et de nouveaux agents allergènes dans la nourriture. On ne sait pas non plus dans quelle mesure l'ingestion d'organismes aux cellules génétiquement modifiées ne pourrait pas modifier nos propres cellules, nous transformer progressivement en “ mutants ”, voir développer des maladies inconnues.

Bien plus, comme cela a déjà été souligné, c'est tout notre environnement naturel qui peut en être modifié d'une façon incontrôlée.

Même si la culture d'OGM est interdite en France, la vente

d'aliments en contenant ne l'est pas. Il faut simplement le spécifier sur l'étiquette. Il existe néanmoins de nombreux aliments importés qui en contiennent sans que cela soit toujours spécifié.

Il peut donc vous arriver, ou il vous est même peut-être déjà arrivé, d'en avoir acheté, donc consommé, sans vous en douter. Il faut savoir que, malgré les interdictions, il y en aura de plus en plus dans notre nourriture et que, sans doute, tôt ou tard, ils seront autorisés car les intérêts économiques en jeu sont énormes.

Les entreprises en fabriquant déjà, notamment aux Etats-Unis où ils sont autorisés, sont très puissantes et disposent de groupes de pression très efficaces auprès des gouvernements et des parlementaires, y compris dans les pays européens.

La seule protection officielle contre les dérives en la matière, selon la législation en vigueur depuis 1995, est, l'OFSP (Office fédéral de la santé publique) chargé de tester l'innocuité des aliments ayant subi des modifications génétiques

La seule façon actuelle, et sans doute future, d'être assuré de ne pas consommer d'OGM est de se tourner vers l'agriculture biologique où toute utilisation d'organismes génétiquement manipulés est, non seulement strictement interdite, mais aussi contraire à l'éthique des tenants de ce mode de culture.

La différence entre un aliment complet et un aliment raffiné

Il faut, de toute évidence, préférer les aliments complets aux aliments raffinés. Un aliment complet est vendu en l'état après sa récolte ou sa fabrication.

Un aliment raffiné subit un certain nombre de transformations, bien souvent à une échelle industrielle, dans le cadre d'une production de masse. Il perd, de ce fait, une grande partie de ses qualités nutritives. Au cours de ce processus de dénaturation d'un aliment, comme dans le cas du pain, du riz, du sucre... blancs et des huiles, les éléments nutritifs de l'aliment complet disparaissent. De plus, les fabricants y ajoutent ensuite des additifs pour en améliorer soit disant la valeur nutritive mais, en vérité, surtout pour le conserver le plus longtemps possible, en améliorer la présentation ou lui ajouter un goût artificiel !

Au final, un aliment raffiné ressemble souvent extérieurement à l'aliment complet correspondant... mais il a perdu une bonne part de sa valeur nutritive !

Nous en arrivons au paradoxe de vivre dans des contrées où nous mangeons trop... riche, gras, sucré, salé... mais où une grande partie de la population souffre de carences par manque de fibres, de minéraux, de vitamines ou d'acides gras essentiels (AGE)... substances sans lesquelles les aliments ne peuvent pas être métabolisés normalement.

Rappelons que le métabolisme est l'ensemble des réactions biochimiques se produisant dans le corps, notamment au cours du processus de la digestion, et par lesquelles certaines substances s'élaborent (anabolisme) tandis que d'autres se dégradent en produisant de l'énergie (catabolisme).

Par exemple, le manque de fibres présentes dans l'alimentation moderne fait que l'absorption d'aliments raffinés ralentit l'activité intestinale et le processus normal de la digestion. Il arrive que le processus de digestion des aliments raffinés mette deux à trois fois plus de temps à se réaliser que celui de leurs homologues complets ! Ce qui entraîne une constipation et parfois une intoxication de l'organisme.

La différence entre un aliment naturel et un aliment biologique

Normalement, un aliment naturel a été peu ou pas transformé. Il ne contient pas d'additifs mais il arrive que certains aliments naturels comme les fruits et les légumes contiennent des pesticides !

A contrario, un aliment biologique a été cultivé ou fabriqué sans produits ni fertilisants chimiques ni composés organiques de synthèse.

Le coût des aliments biologiques

Un des arguments avancés pour ne pas acheter de produits biologiques est qu'ils sont plus chers à l'achat que les aliments de grande consommation.

C'est vrai... mais uniquement si on fait une comparaison des coûts indirects entre le prix d'obtention de l'aliment biologique et celui de l'aliment non biologique.

Cependant, cet argument s'écroule quand on prend en compte les coûts indirects :

• ceux engendrés par les nettoyages indispensables des terres polluées par l'abus d'engrais chimiques, parfois depuis des dizaines années !

• ceux de dépollution des cours d'eau, des nappes phréatiques, de décontamination des puits.

• ceux engendrés par les maladies provoquées aussi bien chez les cultivateurs que chez les consommateurs par l'inhalation ou l'ingestion de substances nocives pour l'organisme…

L' aliment germé : un produit sain par nature

Un bon moyen de manger des aliments sains est de consommer des aliments germés.

Pour cela, il suffit de faire tremper des graines de légumineuse, de noix ou de céréale, puis de les laisser germer dans un pot (il existe dans les magasins " bio " des pots spéciaux de germination) ou un terreau. On obtient par ce processus de germination un aliment très sain qui se distingue par sa richesse en vitamines, notamment A, B, C et E (parfois même multipliée par 10 par rapport à la teneur en vitamines des autres aliments) mais aussi en acides aminés essentiels, en oligo-éléments, en sels minéraux…

CHAPITRE II

Les éléments essentiels d'une alimentation équilibrée

Les oligo-éléments et les minéraux

Il y a en fait peu de différences entre les minéraux et les oligo-éléments. Elles tiennent à leur fonction et à leur dosage.

En ce qui concerne leurs fonctions respectives, les minéraux servent à fabriquer la matière vivante. Les oligo-éléments sont plutôt des catalyseurs ou accélérateurs des réactions enzymatiques. Même s'ils se trouvent en quantité infime dans l'organisme, ils sont néanmoins fondamentaux pour que de nombreuses fonctions vitales s'effectuent dans les meilleures conditions : le transport de l'oxygène dans le sang, la fabrication des protéines, la régulation du taux de sucre par l'insuline... Les sels minéraux et les oligo-éléments sont indispensables à la vie, notamment pour permettre le bon fonctionnement du corps, en particulier sa croissance, sa solidité osseuse, nerveuse, le fonctionnement du système cardiaque, la transmission de l'influx nerveux, les réactions métaboliques essentielles. Et pourtant, ils sont apportés en quantité insuffisante par notre alimentation moderne trop raffinée.

En ce qui concerne les dosages, les minéraux sont utilisés à doses pondérales (ou pesables), tandis que les oligo-éléments le sont à doses infinitésimales (quelques atomes par-ci par-là).

Il n'est pas question ici de faire un cours sur les sels minéraux mais de rappeler quelques vérités essentielles pour comprendre leur action sur notre organisme et en quoi il est important qu'ils soient en quantité suffisante dans notre organisme.

Les sels minéraux se divisent en macro-éléments minéraux et en micro-éléments minéraux. Ils se doivent d'être présents dans l'organisme que ce soit en “ grande quantité ” pour les premiers, de l'ordre du gramme, ou en petite quantité, de l'ordre du milligramme pour les seconds. Ils sont soit déjà présents dans notre corps, soit fournis par l'alimentation.

Parmi les macro-éléments minéraux, on trouve principalement le calcium, le phosphore, le magnésium, le potassium, le sodium, le soufre....

Parmi les micro-éléments, on classe prioritairement le cuivre, le cobalt, le fer, le fluor, l'iode, le manganèse et le zinc.

Les décrire tous, ainsi que toutes leurs propriétés, serait redondant. D'autant que ce genre de description se trouve dans de nombreuses encyclopédies et ouvrages spécialisés que nous vous conseillons de consulter.

Cependant, arrêtons-nous sur trois d'entre eux : le zinc, le fer et le cuivre car ils sont les plus essentiels.

Que les adeptes du magnésium, du manganèse, de l'iode et autre phosphore nous pardonnent cette subjectivité mais, comme nous l'avons déjà dit, ils trouveront leur bonheur dans de nombreux ouvrages de diététique et dans les articles de revues scientifiques ou de magazines consacrés aux médecines douces.

Le zinc

Le zinc est un élément fondamental pour le bon fonctionnement du corps à cause du rôle qu'il joue dans le métabolisme. Un organisme adulte contient environ 2,5 g de zinc.

Les besoins quotidiens en zinc sont d'environ 10 à 15 mg/jour chez l'enfant et l'adulte. Ils atteignent jusqu'à 20 mg/jour chez la femme enceinte et montent à 25 mg/jour pendant l'allaitement.

Le zinc est capté au niveau du duodénum et du jéjunum.

On trouve le zinc principalement dans les muscles (60 %), les os (30 %), puis la rétine, la prostate, le foie, la peau et les cheveux.

Dans le sang, le zinc est présent dans les hématies (80 %), les leucocytes et les plaquettes (10 %), le sérum (10 %).

Il est évacué par les fèces.

Le zinc a une grande importance dans le métabolisme comme co-enzyme ou comme constituant propre de l'enzyme. Il joue aussi un rôle dans la croissance, lors de la réponse immunitaire, dans la reproduction, la fertilité, le goût, la vision et la cicatrisation.

Il est possible de se rendre compte d'une carence sévère en zinc si vous souffrez des symptômes suivants : alopécie, cicatrisation difficile, diarrhée, faiblesse du système immunitaire, lésions de la peau, retard de croissance, troubles de la vue...

Les nouveau-nés peuvent souffrir de ces carences sévères vers l'âge de trois mois s'ils sont prématurés ou durant une période d'alimentation parentérale. De même, cette insuffisance de zinc se détecte aussi chez les peuples ayant des habitudes alimentaires essentiellement végétariennes.

Parmi les carences modérées, on retrouve celles :

• du fœtus dont la croissance est alors ralentie.

• de l'enfant qui souffre en conséquence de retard de croissance, de troubles du développement sexuel et du système immunitaire, de manque d'appétit et de lacunes du goût.

• de l'adulte qui souffre consécutivement de problèmes d'inflammation, de troubles hépatiques, de mauvaises absorptions, de troubles neuropsychiatriques ou de maladies génétiques ou parasitaires ou du fait de la prise de certains médicaments : par exemple des diurétiques. Ce qui peut entraîner une perte du goût, de l'immunité, des troubles de la vision, une cicatrisation difficile, une stérilité chez les hommes...

On trouve le zinc principalement dans la viande et le poisson.

Le fer

Même si sa concentration dans l'organisme est faible, le fer n'en constitue pas moins un minéral essentiel.

Un organisme adulte en contient environ 3 à 5 g dont 70 % se trouvent dans l'hémoglobine des globules rouges, 5 % dans la myoglobine, le reste au niveau des enzymes, sous forme de ferritine, d'hémosidérine...

L'alimentation en apporte entre 10 et 20 mg quotidiennement dont seulement 10 % sont absorbés car correspondant aux besoins de l'organisme.

L'absorption du fer se fait essentiellement au niveau du duodénum et du jéjunum.

Pour faciliter l'assimilation du fer, il est conseillé de consommer parallèlement des aliments riches en folates que l'on trouve dans les légumes à feuille et en vitamine C comme les agrumes et le persil.

Par contre, il est déconseillé de boire du thé car ses tanins empêchent l'assimilation du fer.

Le fer joue un rôle essentiel dans le transport de l'oxygène vers les organes et les muscles. Ce dernier point est important notamment pour les gens qui font du sport car les performances physiques dépendent en priorité de la bonne oxygénation des cellules.

Or l'organisme perd une partie de son fer en permanence par la sudation, l'élimination urinaire, la voie excrémentielle et par les menstruations chez la femme. De même, l'exercice physique est un grand consommateur de fer, en raison des microtraumatismes que subit notre corps lors de l'effort, notamment intense et prolongé, qui entraîne aussi la destruction des globules rouges.

Il est possible de se rendre compte d'une déficience en fer si vous souffrez des symptômes suivants : blessures répétées, irritabilité constante, fatigue chronique, troubles du sommeil réguliers, état maladif durable, baisse des performances physiques sur une courte période (il est normal en revanche qu'elles diminuent avec l'âge).

Les principales catégories d'individu à souffrir de carence ferrique sont les enfants, les femmes en âge de procréer et les personnes âgées.

Chez les enfants, les facteurs de risque d'une carence sont la gémellité et la prématurité.

Chez la femme, la carence survient par déperdition au moment des menstruations, par besoin supplémentaire non fourni au moment de la grossesse, par mauvaise absorption ou défaut d'absorption, pour des causes pathologiques (ulcères gastro-duodénaux, hémorroïdes, cancer digestif...)

Chez l'homme, on retrouve quasiment les mêmes cause de carence.

La seule façon de savoir si vous souffrez véritablement d'une carence en fer consiste à faire un bilan sanguin dans un laboratoire spécialisé.

Tout apport supplémentaire en fer doit se faire après un examen médical et un suivi sérieux car une surconsommation de fer favorise la production de radicaux libres responsables du vieillissement.

On trouve principalement le fer dans les aliments suivants : le vin, les œufs, les abats, la charcuterie, le boudin noir, les huîtres, les moules et la viande rouge qui, si elle est consommée raisonnablement (à raison de deux fois par semaine), ne crée pas de problèmes musculo-tendineux.

Mais aussi dans les fruits secs, les légumes secs (surtout pois, lentilles), le cacao. Les oléagineux (le soja, le colza, le tournesol, l'olive, le maïs, le palmier, le coton, l'arachide, le sésame, le lin, le ricin et le carthame) sont également de bonnes sources de fer.

Le cuivre

Le cuivre est un oligo-élément important dans la mesure où il est cofacteur de certaines enzymes importantes pour le métabolisme oxydatif, l'hématopoïèse (processus de fabrication des cellules sanguines et mécanisme de contrôle de leur quantité dans le sang), la pigmentation, la respiration cellulaire.

Le cuivre est fondamental à la maintenance des processus biologiques.

Les besoins quotidiens sont de 2 à 5 mg/jour.

L'absorption du cuivre se fait au niveau digestif, de l'estomac, du duodénum et du jéjunum, dans une proportion de 30 % du cuivre avalé.

On trouve principalement le cuivre dans le cerveau, le cœur, le foie, les os, les poumons, le pancréas, la rate, les reins.

10 % du cuivre traverse le foie ou revient dans l'intestin après l'élimination biliaire. 90 % de cet oligo-élément se fixe suivant un processus analogue à celui de l'absorption intestinale.

Dans le sang, le cuivre est présent au niveau des globules rouges et du plasma.

Il est évacué majoritairement par les fèces et, dans une moindre mesure, par les urines.

Le cuivre a une grande importance car :

- il est anti-inflammatoire, anti-infectieux et antiviral.
- il stimule la formation de la mélanine.
- il constitue un composant d'une enzyme neutralisant les radicaux libres.
- il maintient l'intégrité de l'élastine et du collagène (solidité des artères, des veines, des articulations, des cartilages, des os).
- il prévient l'anémie, en association avec le fer.

- il renforce la myéline du système nerveux.

La cuprémie (taux de cuivre dans l'organisme) est peu élevée chez le nouveau-né, plus importante chez la femme que chez l'homme et augmente pendant la grossesse.

L'hypocuprémie (diminution du taux de cuivre) se réduit dans les cas suivants : l'alimentation parentale longue sans apport supplémentaire, les carences nutritives, l'hypothyroïdie, les difficultés d'asbsorptions digestives, les traitements aux corticoïdes...

L'hypercuprémie (augmentation du taux de cuivre) s'accroît dans les cas suivants : les affections hépatiques, les hématopaties, les attaques infectieuses ou inflammatoires, certains cancers (de l'utérus, du sein, des bronches, du système digestif).

Il faut se méfier des intoxications au cuivre qui peuvent se produire dans les circonstances suivantes :

- par absorption accidentelle.
- par apport supplémentaire trop important d'oligo-éléments.
- par l'eau de boisson (sulfate de cuivre employé contre les algues dans les réservoirs ou eau acide dissolvant le cuivre des canalisations).
- par intoxication suite à une inhalation de vapeurs de cuivre.

On trouve principalement le cuivre dans les champignons crus, le foie de bœuf, le blé et le riz complets, les légumineuses, les amandes, les noix de cajou.

Les vitamines

Ce sont des substances azotées indispensables à la vie, au fonctionnement et à la croissance du corps, en doses infinitésimales. Elles ne peuvent pas être synthétisées par l'organisme. Il faut donc les trouver dans notre alimentation. N'étant pas stockées par l'organisme, leur apport doit être quotidien.

Les vitamines sont désignées par des lettres (parfois suivies d'un numéro).

Il existe deux types de vitamines :

1- Les vitamines hydrosolubles ou solubles dans l'eau (détruites par de trop nombreux lavages et par des cuissons inadaptées).

2- Les vitamines liposolubles ou solubles dans les corps gras (absentes des régimes amaigrissants).

Les principales vitamines sont les suivantes :

<u>Vitamine A.</u> Liposoluble.

Facteur de croissance indispensable à la formation du pourpre rétinien, à la croissance et à la reproduction cellulaire

Sa carence entraîne des troubles de la croissance et de la vue et une altération des épithéliums.

Dans la même classe : rétinol (vitamine A1), bêta carotène.

Principales sources de vitamine A : beurre, carottes crues, foie, huile de foie de morue, épinards cuits, œufs cuits...

<u>Vitamine B1</u> (thiamine). Hydrosoluble.

Sa carence entraîne le béribéri (affection liée à la consommation de riz décortiqué). Utile à la transmission nerveuse.

Principales sources de vitamine B1 : levure de bière maltée, germe de blé, viande de porc, foie et rognon, viande et poisson.

Vitamine B2 (riboflavine). Hydrosoluble.
Elle entre dans la composition de nombreuses enzymes et joue un rôle important dans l'utilisation des acides aminés et des acides gras.
Principales sources de vitamine B2 : champignon, lait et laitages, viande et poisson, pain complet, céréales...

Vitamine B5 (acide pantothénique). Hydrosoluble.
Elle est indispensable au métabolisme cellulaire. Participe à la synthèse des acides gras et du cholestérol.
Principales sources de vitamine B5 : levure de bière, foie, rognon, champignon, viande, œuf, céréales, légumes secs...

Vitamine B6 (pyridoxine). Hydrosoluble.
Utile dans le métabolisme des acides aminés.
Sa carence entraîne des troubles digestifs, cutanés, hématologiques et neurologiques.
Principales sources de vitamine B6 : levure de bière, germe de blé, foie et rognon, viande et poisson, banane...

Vitamine B8 (biotine). Hydrosoluble.
Elle permet l'incorporation du CO^2 dans une chaîne moléculaire.
Principales sources de vitamine B8 : levure de bière sèche, foie et rognon, œuf, viande et poisson, légumes secs...

Vitamine B9 (acide folique). Hydrosoluble.

Utile dans de nombreuses opérations de synthèse organiques.

Principales sources de vitamine B9 : levure de bière sèche, foie, épinards, cresson et mâche, légumes secs et légumes verts, pain complet, fromage...

Vitamine B10. Hydrosoluble.

Utile dans les mécanismes de détoxication de l'organisme, en particulier contre les métaux lourds

Principale source de vitamine B10 : levure de bière sèche.

Vitamine B12. Hydrosoluble.

Elle joue un rôle important dans l'hématopoïèse (formation des cellules sanguines). Sa carence entraîne l'anémie.

Principales sources de vitamine B12 : levure de bière et foie.

Vitamine C (acide ascorbique). Hydrosoluble.

Utile dans les réactions d'oxydoréduction. La vitamine C combat les radicaux libres formés dans les cellules.

Sa carence entraîne le scorbut. Utilisée dans certains états infectieux.

Principales sources de vitamine C : cynorrhodon, acérola (petite cerise amazonienne), baies de cassis, kiwi, agrumes (citron, orange, pamplemousse), fraise, choux...

Vitamine D. Liposoluble.

Elle a un rôle important dans la croissance osseuse. Stimule le métabolisme phosphocalcique. Utilisée contre le rachitisme.

Principales sources de vitamine D : huile de foie de morue, poisson, gras, jaune d'œuf, foie, beurre...

Vitamine E. Liposoluble.

Elle est utile pour les fonctions de reproduction et en tant qu'antioxydant.

Principales sources de vitamine E : huile de germe de blé, huile de tournesol, huiles végétales, noisette, amande, noix...

Vitamine F (acide gamma linoléique). Liposoluble.

Elle prévient la sécheresse de la peau et les rides.

A part son action capitale sur la peau, elle participe à de nombreux processus vitaux : immunité cellulaire, fabrication de prostaglandines régulant les fonctions cellulaires, métabolisme du cholestérol...

Principales sources de vitamine F : huiles végétales (en particulier de bourrache et d'onagre), graisses animales.

Vitamine K. Liposoluble.

Antihémorragique indispensable à la synthèse de certains facteurs de coagulation au niveau du foie.

Principales sources de vitamine K : foie, épinard, chou, chou-fleur, brocoli, salade, viande, légumes, œuf...

Vitamine P. Hydrosoluble.

Elle s'avère utile pour augmenter la résistance capillaire. Agit sur les saignements.

Principales sources de vitamine P : fruits (agrumes, myrtille, tomate...), céréales (en particulier le sarrasin)...

Vitamine PP ou B3 (nicotinamide). Hydrosoluble.

Elle a une action sur la peau.

Sa carence provoque la pellagre (maladie se caractérisant par des lésions cutanées, digestives, des muqueuses et des troubles nerveux.)

Principales sources de vitamine PP : levure de bière, foie, viande et poisson, champignon, pain complet, céréales, légumes, fromage...

Les acides aminés

Les acides aminés sont le constituant primordial de la vie et de tout organisme vivant. Ils contribuent à fabriquer toutes les substances protéiques. Ils se caractérisent par la présence d'un radical acide carboxylique (COOH) et d'un radical aminé (NH2).

Ces deux radicaux peuvent se combiner sans fin pour former des structures appelées peptides, du simple dipeptide aux polypeptides ou aux enzymes à la base de toutes les fonctions vitales.

Les principaux acides aminés sont au nombre d'une vingtaine :

Acide Aspartique

Il entre dans la composition de nombreuses protéines.

Il est utilisé dans le transport et le stockage de l'azote aminé nécessaire à la synthèse des autres acides aminés

Principales sources d'acide aspartique : protéines alimentaires.

Son représentant le plus connu est l'aspartate de phénylalanine au pouvoir sucrant élevé plus connu sous le nom d'aspartam.

Acide glutamique

C'est un précurseur (élément participant à la fabrication d'un autre élément) de l'hydroxyproline activant la cicatrisation et du glutathion indispensable au transport de l'oxygène dans les cellules. C'est un acide aminé énergétique.

Principales sources d'acide glutamique : amande, céréales complètes, noisette, riz, son...

Il agit sur la fatigue physique et intellectuelle, la régénération nerveuse, les ulcères, l'impuissance, la mémoire...

Arginine

Cet acide aminé est à la fois une source d'énergie pour les muscles et un anabolisant naturel. Il se transforme en créatine après combinaison avec la glycine et la méthionine (deux autres acides aminés - voir plus bas).

Associé avec la glycine et l'ornithine, il participe à la libération de la STH (hormone de croissance) entraînant le développement musculaire. Il favorise la production de sperme.

Principales sources d'arginine : les protéines alimentaires.

Carnitine

Cet acide aminé transporte les acides gras complexes vers les cellules. Il est particulièrement utile aux muscles et au cœur et favorise les secrétions digestives. Il régule le taux de cholestérol et de sucre dans le sang.

Principales sources de carnitine : abats, viande, laitages, huître, levures.

Cystéine et Cystine

La cystine est une variante insoluble de la cystéine. Ce

dernier acide aminé se retrouve dans la composition de l'insuline et de la kératine.

Il stimule les défenses immunitaires, renforce l'activité des globules blancs et aide au métabolisme des glucides et des lipides. C'est un reconstituant des phanères : cheveux et ongles. Actif en cas d'acné.

Principales sources de cystine et de cystéine : œuf, viande, ail, oignon, laitages, soja, poisson.

Glutathion

Ce tripeptide sert au transport de l'oxygène vers les cellules. Il protège la muqueuse respiratoire, renforce le système immunitaire, participe à la synthèse de la glutathion peroxydase servant à la lutte contre les radicaux libres responsables du vieillissement et aide au métabolisme des protéines.

Principales sources de glutathion : on le trouve rarement dans les aliments mais plutôt sous forme de complément alimentaire en magasin diététique ou en pharmacie.

Glycine ou Glycocolle

Cet acide aminé simple participe, en particulier, à la synthèse du glutathion, de la porphyrine et de la créatine. Il s'oppose à la production excessive de sucs gastriques. C'est un bon stimulant général et il est utilisé dans les cas de fatigue physique ou mentale

Principales sources de glycine : on le trouve rarement dans les aliments mais sous forme de complément alimentaire en magasin diététique ou en pharmacie.

Lysine

Cet acide aminé participe à la synthèse de plusieurs hormones et enzymes ainsi qu'à celle de la carnitine. Il stimule le métabolisme des acides gras. Il a un rôle important dans la régénération tissulaire et dans la croissance. C'est un antiviral d'appoint

Principales sources de lysine : fromage, laitages, levure, poisson, viande.

Méthionine

Cet acide aminé soufré intervient dans la synthèse de la plupart des autres acides aminés. Il participe à la lutte contre les radicaux libres responsables du vieillissement. Il élimine l'histamine (substance dérivée de l'histidine provoquant la sécrétion des sucs gastriques dilatant les capillaires et contractant les artères). Il protège aussi le foie.

Principales sources de méthionine : fruit de mer, poisson, fromage, oignon, haricot, ail, viande.

Phénylalanine

Cet acide aminé essentiel participe à la synthèse de la tyrosine (voir plus loin). Il est employé comme coupe-faim et il sert d'antidépresseur naturel.

Principales sources de phénylalanine : haricot, épinards, œuf, soja, fromage, pois chiche, amande, viande.

Proline

Cet acide aminé ainsi que son dérivé : l'hydroxyproline, sont indispensables à la formation du collagène. Cette protéine de structure fibreuse constitue l'essentiel de la trame conjonctive, autrement dit de la structure de la peau.

Avec l'âge, l'organisme perd progressivement son pouvoir de synthèse du collagène, entraînant l'apparition de rides et un assèchement de la peau d'où l'importance d'un apport extérieur de proline.

Principales sources de proline : les protéines alimentaires.

Sérine

Cet aminoacide hydroxylé se trouve souvent dans les protéines. Il participe à la synthèse du glycocolle et sert à fabriquer des antibiotiques.

Principales sources de sérine : les protéines alimentaires.

Taurine

Cet acide sulfonique aminé régule la balance calcium/potassium nécessaire au bon fonctionnement des muscles. C'est un composant des protéines des globules blancs et des protéines rétiniennes. Il favorise la production de bile indispensable à la digestion des graisses, renforce la muqueuse pulmonaire et protège contre la spasmophilie.

Principales sources de taurine : fruits de mer, mollusques, cervelle, viande.

Tyrosine

Cet aminoacide est un précurseur des hormones thyroïdiennes et de la mélatonine à l'origine du bronzage et de la couleur des cheveux.

Elle est utilisée pour combattre les états dépressifs et comme coupe-faim associé à la phénylalanine.

Principales sources de tyrosine : viande, produits laitiers.

Valine

Cet aminoacide est composé de diverses protéines. Très utile à la synthèse protidique.

Principales sources de valine : les protéines alimentaires.

CHAPITRE III

Huiles végétales et acides gras essentiels

Les huiles végétales, mais aussi parfois animales ou minérales, sont des substances indispensables à une alimentation équilibrée tout en possédant de nombreuses propriétés thérapeutiques. Elles sont en particulier une source d'apport vitaminique considérable.

Il faut toujours faire attention à ne prendre que des huiles artisanales, jamais industrielles, et de qualité dite " première pression à froid ", opération qui, au contraire du traitement industriel le plus courant, conserve toutes leurs qualités nutritives et thérapeutiques.

Elles possèdent, de plus, le remarquable avantage de pouvoir être employées en usage interne et externe.

Les oléagineux

Les oléagineux sont composés de l'ensemble des plantes fournissant des graisses et des huiles.

Dans les pays en voie de développement, ils représentent la plus grande partie de la consommation des lipides.

Dans les pays occidentaux, les huiles et les graisses d'origine végétale constituent plus de 30 % des lipides consommés. Leur utilisation est même en augmentation par rapport aux huiles et graisses animales, en raison des différents scandales ayant touché ces dernières années la production animale, sans compter la découverte de la nocivité des graisses animales.

Notamment les graisses venant des animaux de consommation courante, en particulier de la viande rouge, constituées d'acides gras dits saturés et qui sont à l'origine de nombreuses maladies cardio-vasculaires et du mauvais cholestérol.

Les principales plantes oléagineuses sont : le soja, le colza, le tournesol, l'olive, le maïs, le palmier, le coton, l'arachide, le sésame, le lin, le ricin.

Principales huiles végétales guérisseuses

Amande

Amygdalum

L'huile d'amande douce est très recommandée en particulier pour les jeunes mamans.

Elle est utilisée dans les cas d'inflammations (gorge, œsophage) et de toux. C'est aussi un laxatif doux.

Arachide

Arachis hypogea

Plante herbacée annuelle de la famille des papilionacées cultivée essentiellement en Afrique pour sa graine.

Son usage principal est surtout alimentaire, notamment sa variante à base de cacahouète.

Le fruit est une gousse oblongue contenant quatre graines appelées cacahouètes. Celles-ci sont en général broyées puis pressées afin d'en extraire l'huile d'arachide qui est ensuite filtrée et raffinée avant d'être mise en vente. Les cacahouètes peuvent aussi être grillées et salées.

On utilise aussi les tourteaux d'arachide pour nourrir le bétail.

L'huile d'arachide est très employée comme excipient médicamenteux (substance à laquelle on incorpore un médicament pour faciliter son absorption).

Bourrache

Borago officinalis

La bourrache est une plante à tiges ramifiées à fleurs bleues, originaire du pourtour méditerranéen.

L'huile de bourrache, extraite des graines, est très riche en vitamine F (ou acide gamma linoléique) dont elle est la meilleure source naturelle.

La fabrication par le corps de cet acide gras insaturé cesse progressivement avec l'âge. Ainsi sa production se ralentit à partir de la trentaine alors qu'il est indispensable à l'entretien de la peau, ce qui entraîne l'apparition de rides et de la peau sèche.

La vitamine F a aussi une action sur l'immunité cellulaire, le métabolisme du cholestérol et la production des prostaglandines régulant les fonctions cellulaires. D'où l'importance, à partir de trente ans, d'en fournir à l'organisme.

L'huile de bourrache contient du calcium, des tanins, des saponines, de la vitamine C.

Elle est recommandée en cas d'affections pulmonaires, de rhume, de grippe (en particulier en cas d'inflammation des voies respiratoires, d'infections urinaires, notamment chez les enfants ou les personnes âgées), de colique néphrétique et de sénescence de la peau.

Huile à ingérer en comprimés ou en capsules de 500 à 1000 mg (en vente dans les magasins spécialisés) ou au sein de mélanges composant des huiles de table.

Cassis (pépins de)

Ribes nigrum

Elle contient de l'acide stéaridonique, excellente pour la vue et pour l'amélioration de la mémoire, et de l'acide gamma-linolénique.

Voir aussi le chapitre : Les Aliments Guérisseurs au mot " Cassis ".

Colza

Plante herbacée annuelle de la famille des crucifères, cultivée pour sa graine oléagineuse.

Originaire du sud-ouest de l'Europe, le colza est à présent cultivé dans toute l'Europe, en Inde et en Chine.

L'huile de colza étant légèrement âcre et aromatique est épurée par filtration et décantation pour la rendre consommable.

Les premières variétés commercialisées contenaient des produits soufrés qui étaient, soit disant, susceptibles de contribuer au déclenchement de maladies cardiaques et de cancers. Depuis les années quatre-vingt, des huiles de colza ne présentant plus de danger (dites " double zéro) sont en vente.

Germe de blé

L'huile de germe de blé est riche en acides gras essentiels (AGE), en protéines complètes, en minéraux, en oligo-éléments, en vitamine E (un des meilleurs antioxydants naturels) et en vitamine B.

Elle agit positivement sur le taux de cholestérol et combat les radicaux libres responsables du vieillissement.

Cette huile est donc un excellent antioxydant mais aussi un régénérateur cellulaire et un antirides de première catégorie.

L'huile peut être ingérée pure ou à raison de deux à trois capsules de 500 mg chacune par jour.

En usage externe, l'huile de germe de blé est souveraine pour les peaux fatiguées ou sèches.

Lin

Linum usitatissimum

Plante herbacée de la famille des linacées, cultivée pour

les fibres textiles fournies par son écorce ou pour l'huile extraite de ses graines.

D'origine asiatique, le lin à graines est cultivé dans les régions chaudes et au climat sec d'Europe, d'Asie, d'Amérique du Sud (en particulier en Argentine), d'Amérique du Nord (États-Unis, Canada) et d'Afrique du Nord.

Le fruit est une capsule contenant des petites graines ovales de couleur jaune-brun dont la partie mucilagineuse gonfle au contact de l'eau.

Le lin à graines est récolté lorsque les graines sont mûres contrairement au lin à fibres. On en tire une huile très riche en nutriments essentiels.

Maïs

Zea mays

Plante herbacée appartenant à la famille des graminées originaire d'Amérique Centrale, à présent répandue dans le monde entier comme plante céréalière. Le maïs était l'aliment de base et une plante sacrée chez les Mayas, les Aztèques et les Incas où il était utilisé lors de cérémonies religieuses.

Le maïs est une des plantes les plus cultivées après le riz et le blé, principalement aux Etats-Unis, en Chine, au Brésil, au Mexique et en France.

Toutes les variétés employées à présent en Europe sont des hybrides plus productifs que les maïs à pollinisation libre cultivés jusque dans les années 1950.

La culture du maïs peut précéder celle du blé. Il peut être

cultivé sur plusieurs années consécutives sans problèmes.

C'est aussi une des plantes les plus controversées depuis l'apparition des Organismes Génétiquement Modifiés car une des plus manipulées depuis plusieurs années notamment aux États-Unis.

La Commission européenne a donné son accord récemment pour la culture et l'importation de maïs génétiquement modifié. Cependant la législation reste floue concernant l'étiquetage des aliments contenant des OGM. Le meilleur moyen de les éviter est, comme nous l'avons déjà dit, de se tourner vers l'alimentation biologique qui bannit toute manipulation génétique de la nature.

Le maïs en grain est surtout cultivé aux États-Unis. Il est appelé maïs sucré ou doux. L'huile de maïs est réputée pour ses propriétés diététiques remarquables. C'est la seule céréale riche en carotène.

Olive

Olea europea

Une des huiles les plus nutritives et les plus bénéfiques pour la santé et sans doute la plus consommée de par le monde, notamment dans les pays méditerranéens.

Pour plus de précision à ce sujet, voir le chapitre sur les Aliments Guérisseurs au mot “ olive ”.

Onagre

Oenothera biennis

L'huile d'onagre, plante herbacée originaire d'Amérique du Nord, est une des plus riches en acide gamma-linoléique ou vitamine F.

La fabrication de cet acide gras insaturé cesse progressivement avec l'âge. Ainsi sa production se ralentit à partir de la trentaine alors qu'il est indispensable à l'entretien de la peau, ce qui entraîne l'apparition de rides et de la peau sèche.

La vitamine F agit également sur l'immunité cellulaire, le métabolisme du cholestérol et la production des prostaglandines régulant les fonctions cellulaires. D'où l'importance, à partir de trente ans, d'en fournir à l'organisme.

L'huile d'onagre est aussi indiquée en cas de syndromes prémenstruels (pour combattre l'irritabilité et la rétention d'eau qui les accompagnent).

De même, elle a un effet bénéfique sur le système cardio-vasculaire, sur la tension artérielle et régule le taux de cholestérol.

Huile à ingérer en comprimés ou en capsules de 500 à 1000 mg (en vente dans les magasins spécialisés) ou au sein de mélanges composant des huiles de table.

Palmier

Palma

Plantes monocotylédones dont l'ensemble constitue la famille des arécacées (appelée aussi palmées).

On trouve principalement les palmiers dans les zones équatoriales et tropicales. En Europe, une seule variété de palmier pousse naturellement : le palmier nain (*Chamaerops humilis*). On le trouve dans les garrigues des côtes occidentales de la Méditerranée. Il est utilisé pour fabriquer des cordes et des nattes à partir de son crin et de sa fibre.

Le palmier-dattier (*Phoenix dactylifera*) lui pousse aux Canaries, en Afrique du Nord, en Afrique du Sud et en Afrique occidentale. Ces fruits sont des dattes réunies en grappes.

Le palmier à huile (*Elaeis guineeensis*) est, quant à lui, originaire d'Afrique occidentale. Sa culture s'est répandue en Amérique du Sud. Il donne des fruits rouges contenant une pulpe riche en huile et des graines. Il est cultivé pour le beurre et l'huile qu'on en retire.

Le cocotier commun (*Coco nucifera*), originaire d'Australie et du sud-est de l'Asie, est aussi une sorte de palmier. De ses fruits comestibles (noix de coco), on extrait des matières grasses dont des huiles.

Ricin

Ricinus communis

Plante de la famille des euphorbiacées originaire d'Afrique et d'Inde.

Cette plante herbacée annuelle atteint deux à trois mètres de haut dans les régions tempérées et devient un arbre de plusieurs mètres sous les climats tropicaux.

Ses fruits sont des capsules garnies de piquants et

contiennent trois graines lisses à albumen riche en protéines et en huile.

Le ricin est cultivé dans les régions chaudes pour l'huile extraite des graines.

L'huile de ricin est bien connue de nos ancêtres qui l'utilisaient comme purgatif. Elle est hélas un peu tombée dans l'oubli. Sa version moderne n'est plus l'infâme breuvage de nos grands-mères.

C'est un remède souverain contre la constipation à raison d'une cuillère à café prise pure ou mélangée à un bouillon chaud.

En purge, il convient d'en prendre l'équivalent de 30 à 40 ml, soit environ six cuillères à café.

En revanche, il ne faut pas consommer la graine qui contient une toxine qui n'est toutefois pas présente dans l'huile de ricin.

Soja

L'huile de soja, bien qu'encore assez méconnue dans nos contrées, n'en est pas moins une huile aux étonnantes vertus thérapeutiques.

Pour plus de précision à ce sujet, voir le chapitre sur les Aliments Guérisseurs au mot “ Soja ”.

Tournesol

Helianthus annuus

Plante annuelle de la famille des composées cultivée pour ses graines.

Le tournesol, d'origine péruvienne, fut importé au XVIIe siècle en Europe. La graine est formée d'une amande entourée d'une coque dure et contenant environ 20 % de protéines et 60 % d'huile.

Dans de nombreux pays européens, dont la France, l'huile de tournesol représente environ la moitié de l'huile alimentaire consommée.

On fabrique des tourteaux pour le bétail avec les résidus du pressage à cause de leur richesse en matière azotée.

Les huiles provenant des plantes oléagineuses sont fortement conseillées car elles sont riches en acides gras (linoléique, oléique, stéarique...).

On trouve principalement parmi les plantes oléagineuses : le soja, le ricin, le tournesol, le colza, l'olive, le maïs, l'arachide, le sésame, le lin.

Les huiles contenant beaucoup d'acides gras non saturés sont moins résistantes à l'oxydation, plus siccatives et plus fluides.

Ces huiles sont aussi utilisées dans l'industrie cosmétologique, pharmacologique, alimentaire et chimique.

L'autre avantage de ces huiles (venant de la plupart des oléagineux) est qu'elles sont composées de protéines. Les plantes dont elles proviennent sont aussi appelées plantes oléoprotéagineuses.

Les plantes protéagineuses

Ce sont donc les plantes dont les graines contiennent des protides.

Si, elles sont également riches en lipides, on les appelle plantes oléoprotéagineuses.

Les principales oléoprotéagineuses sont, on l'a dit : l'arachide, le colza, le tournesol, le sésame, le soja.

Il existe aussi des graines protéagineuses très pauvres en lipides : la fève, le haricot, la lentille, le lupin, le pois protéagineux.

Les plantes protéagineuses des pays tempérés (principalement les fèves, les lentilles et les pois) se présentent sous forme de légumineuses à grosses graines.

Les farines fabriquées à partir de ces plantes protéagineuses servent principalement à l'alimentation animale, a fortiori depuis le scandale des désastreuses tentatives de nutrition des animaux avec des farines animales...

Les huiles et les margarines industrielles

Les huiles industrielles transparentes sont issues du raffinage. Elles sont à mettre dans la même catégorie que le sucre blanc, le riz blanc, le pain blanc…

A éviter car elles sont dangereuses pour la santé.

Pour être digérées et métabolisées, elles doivent puiser dans nos réserves de minéraux et de vitamines. Elles ont été altérées par la chaleur et contiennent ce que l'on appelle des acides gras trans.

Ceux-ci contribuent à augmenter notamment le mauvais

cholestérol sanguin dit LDL, favorisant ainsi l'apparition des maladies cardio-vasculaires.

Les margarines industrielles sont fabriquées à partir de ses huiles raffinées. Les huiles dites hydrogénées à la base des margarines et des graisses végétales se trouvent partout dans les soupes, les crèmes glacées, le chocolat, les pâtisseries, les bonbons, le beurre d'arachide...

Les acides gras qu'il vous faut

Si nous vous avons tant vanté jusque-là les mérites des acides gras, il est temps de vous préciser les meilleurs pour votre santé, pouvant véritablement l'améliorer et la conserver. Il s'agit des principales huiles végétales.

En effet, à même valeur calorique, sur le plan nutritionnel, toutes les huiles ne se valent pas.

Il est temps de faire un petit point sur les lipides et les graisses en général car elles sont souvent présentées comme le vilain petit canard du trio (protides, glucides, lipides) indispensable à notre organisme.

Les lipides sont aussi indispensables à la vie que les deux autres, quoique nécessaires en quantité nettement moins importante. Ils sont précieux car leur dégradation libère une grande quantité d'énergie. Ils sont parmi les composés biologiques les plus énergétiques.

Le terme " lipide " désigne un groupe hétérogène de composés biologiques insolubles dans l'eau mais qui réagissent à l'action des solvants organiques comme l'alcool, l'éther ou l'acétone.

Rappelons que sur une échelle de 100, nous avons besoin

environ quotidiennement de 60 % de glucides, 30 % de protides et uniquement de 10 % de lipides. Cette proportion est établie, bien sûr, comme une moyenne. Ensuite peuvent entrer en ligne de compte votre activité physique et intellectuelle et votre coup de fourchette. Ainsi vos besoins journaliers d'énergie peuvent faire varier de quelques fractions le pourcentage des lipides

D'autre part, il est rare que nous ayons besoin d'ingérer les lipides à l'état pur, dans la mesure où les aliments contenant des protides et des glucides apportent aussi souvent les lipides dont nous avons besoin.

Néanmoins, il faut arrêter de diaboliser les graisses et les lipides sous prétexte qu'ils feraient grossir, qu'ils seraient responsables de l'augmentation du taux de cholestérol et de nombreuses maladies cardio-vasculaires, qu'ils augmenteraient notre masse adipeuse de calories difficilement dégradables...

C'est vrai... et faux à la fois !

Car ce ne sont pas les lipides qui font grossir mais leur excès ! Et ce n'est pas jouer sur les mots que de déclarer cela, car les lipides et notamment les acides gras sont vitaux pour le bon fonctionnement de notre organisme.

En effet, les acides gras sont essentiels à la construction et à la maintenance des membranes cellulaires

De plus, leur présence contribue beaucoup à donner le goût aux aliments. Donc leur absence nous serait non seulement fatale d'un point de vue vital mais aussi regrettable quant au plaisir de manger qui deviendrait une corvée. Nous nous contentrions de mâcher une nourriture insipide !

Quand on sait le rôle que joue le plaisir sur la production de certaines hormones et le déclenchement de nombreuses réactions physiques et cérébrales agréables, il serait bien consternant d'avoir à se passer de ces bons vieux lipides !

Une huile végétale doit nous fournir les acides gras suivants :

- l'acide alpha-linolénique se doit d'être apporté par l'alimentation car non seulement il est fondamental, ainsi que ses dérivés, à la structure des membranes cellulaires mais d'autre part, il n'est pas synthétisé naturellement par le corps ! Il est présent principalement dans les huiles de colza, de noix et de soja.
- l'acide linoléique aussi important pour le fonctionnement des cellules se trouve principalement dans les huiles d'arachide, de colza, de maïs, de noix, de soja.

Les acides gras polyinsaturés

Parmi ceux-ci, on trouve principalement les oméga 3 bénéfiques dont les sources principales sont le gras de poisson des mers froides, le plancton et les huiles de colza et de noix. Les acides oméga 3 (EPA et DHA) dérivent de l'acide linolénique.

Ils influencent la composition et la fluidité membranaire et la distribution des récepteurs protéiques membranaires.

Ils jouent un rôle dans la production de NO par les macrophages et sur la diminution des lésions inflammatoires de certaines pathologies comme les inflammations rénales.

Il existe aussi dans cette catégorie d'acides gras polyinsaturés, les acides oméga 6 que l'on trouve dans les huiles végétales de maïs, de soja, de tournesol. Elles sont moins conseillées que les précédentes pour les raisons que l'on sait.

Les acides gras mono-insaturés

Ceux-ci, comme par exemple l'acide oléique, sont aussi bons pour la santé. On les trouve en particulier dans l'huile d'olive et de colza.

Les acides gras saturés

Ce sont les lipides à éviter, comme l'acide stéarique, qui font partie de ce que l'on peut appeler les mauvaises graisses.

On les trouve principalement dans les graisses animales, en particulier dans les produits laitiers et les huiles tropicales comme l'huile de palme.

Malheureusement, la plupart des huiles végétales contiennent aussi des acides gras saturés. Aussi pour en diminuer les effets négatifs, il convient de sélectionner plutôt des huiles qui en comportent le moins possible comme les huiles de colza et de noix.

Il ne faut pas non plus négliger l'huile de germe de blé.

Pour résumer, il convient de privilégier principalement les huiles de colza, de germe de blé, de noix et de soja car elles fournissent à la fois les deux acides gras indispensables : les acides alpha-linoléniques et linoléiques.

Néanmoins, pour apporter au corps tous les acides gras dont il a besoin, le mieux est de varier les apports en acides gras essentiels, donc de diversifier vos huiles végétales tout en restant dans le cadre de celles qui viennent d'être citées.

CHAPITRE IV

Les aliments guérisseurs

Vous trouverez ci-dessous la liste des principaux aliments guérisseurs avec leurs propriétés thérapeutiques essentielles.

Nous y avons adjoint quelques plantes médicinales à l'action bénéfique indiscutable à la fois sur le corps et l'esprit qui sont, aussi, indispensables à notre bonne santé, au bon fonctionnement de notre organisme, à la défense de notre système immunitaire et à l'allongement de notre durée de vie.

Il existe sans doute encore d'autres aliments guérisseurs mais nous ne les avons pas cités à cause des incertitudes concernant leurs exactes vertus thérapeutiques ou parce que celles-ci sont en cours d'investigation.

Déjà, la prise en compte des qualités des aliments décrits ici sera un bon entraînement suffisant pour prévenir et aider à soigner la plupart des maladies et à préserver votre tonus physique et votre dynamisme psychique.

Il est conseillé de lire attentivement tous les conseils donnés tout au long de cet ouvrage d'initiation à une alimentation thérapeutique pour en tirer toute la substantifique moelle.

En effet, à quoi servirait de vous donner les ingrédients d'une recette si on ne vous indiquait pas comment préparer celle-ci !

Aussi, parcourez, certes, la liste descriptive qui suit mais en vous inspirant des autres chapitres destinés à vous conseiller plus précisément sur les conditions exactes d'emploi de ces aliments guérisseurs.

AIL

Nom latin : *Allium sativum*

Origine : cette liliacée si commune dans nos cuisines recèle de véritables pouvoirs thérapeutiques connus et appréciés depuis l'Antiquité.

La partie utilisée est le bulbe.

Originaire des steppes de l'Asie centrale, l'ail aurait été répandu par les tribus nomades, les commerçants et les explorateurs. Les Égyptiens considéraient la plante comme une divinité. Ils en donnaient aux ouvriers construisant les pyramides pour soutenir leurs efforts et les protéger des épidémies. Elle fut employée comme antiseptique lors des épidémies de peste et de choléra. Elle était appliquée sur les plaies des blessés pour les sauver de l'amputation lors des deux guerres mondiales.

Principaux composants : enzymes, vitamines, sels minéraux, protéines, oligopeptides, fructosanes, glucoside de furostanol, vitamines, phospholipides. L'allicine, composant principal de l'essence d'ail, est un antiseptique très puissant.

Propriétés thérapeutiques : l'ail a des vertus antidiabétiques, antiseptiques, antiasthéniques, antispasmodiques, anthelmintiques, vermifuges.

C'est aussi un excellent hypotenseur (qui diminue la tension artérielle). Il est antibactérien et antifongique mais aussi hypolipémiant : il réduit le taux de cholestérol et les triglycérides présents dans le sang.

C'est un puissant hypertenseur qui favorise la dilatation des vaisseaux et améliore ainsi la circulation sanguine.

Indications : très efficace en cas de diarrhées, d'hypertension, de cholestérol, de troubles circulatoires, d'insuffisance capillaro-veineuse et d'états de fatigue.

L'ail prévient l'athérosclérose par augmentation du taux de bon cholestérol et par l'effet anti-agrégant plaquettaire des ajoènes, autres substances actives de la plante.

Utilisé en poudre, c'est un bon désinfectant intestinal, diurétique.

En voie externe, son fort pouvoir nécrosant permet l'éradication des verrues, cors et durillons.

Consommation : il est conseillé d'absorber une dose journalière de 500 mg à 1 g de poudre d'ail à prendre sous forme de gélules gastro-résistantes d'huile essentielle ou de capsules d'ail désodorisées vendues dans les magasins spécialisés.

AIRELLE MYRTILLE

(voir Myrtille)

ALGUE

(voir Fucus, laminaires, varech)

ANANAS

Nom latin : *Ananassa sativus, Ananassa comosus*

Origine : fruit poussant dans les pays tropicaux humides.

Propriétés thérapeutiques : l'ananas a des propriétés principalement anticellulitiques, anti-oedémateuses, digestives.

Indications : il est donc indiqué en cas de cellulite, de digestion lente, de ballonnements et de problèmes d'obésité.

Consommation : il est conseillé de manger évidemment la pulpe du fruit ou d'absorber quotidiennement l'équivalent de deux à cinq grammes d'ananas sous forme de gélules ou de comprimés.

ARTICHAUT

Nom latin : *Cynara scolymus*

Origine : eh non, les artichauts ne sont pas originaires de Bretagne ! Les Pharaons les offraient déjà en sacrifice aux dieux avant l'ère chrétienne.

Originaire d'Afrique du Nord, l'artichaut était à l'origine un chardon sauvage qui, après croisements, est devenu l'artichaut actuel. Il a été cultivé par les horticulteurs italiens au XVe siècle avant d'être introduit en France. Ses vertus curatives ne sont exploitées que depuis le XVIe siècle, particulièrement pour guérir la jaunisse

Aussi appelé cardon cultivé, ce légume est excellent pour la santé notamment à cause de sa forte teneur en inuline, un sucre bien assimilé par l'organisme, y compris par les diabétiques.

Principaux composants : triterpènes, stérols, guaianolides, flavonoïdes, acides-alcools, esters d'acides-phénols, vitamines A, B1 et B9, minéraux : fer, manganèse, phosphore, potassium, sodium.

Propriétés thérapeutiques : l'artichaut a une importante action détoxiquante sur l'organisme et facilite la digestion.

Les feuilles contiennent des principes actifs essentiels à l'organisme notamment pour le foie. Leurs trois fonctions principales démontrées sont d'être : diurétiques (augmentation de la sécrétion urinaire), cholérétiques et cholagogues (facilitation de l'évacuation biliaire). L'artichaut est aussi dépuratif, fébrifuge et aphrodisiaque.

Indications : il est indiqué en cas de diarrhées, de troubles hépatiques, d'excès alimentaire, de digestion difficile, d'états de fatigue ou d'asthénie, en période de croissance. La feuille d'artichaut est utilisée pour soigner les troubles du foie et de la vésicule biliaire. Stimulant la sécrétion de la bile, elle permet de combattre la constipation liée à l'insuffisance hépatique.

La consommation d'artichaut abaisse le taux de cholestérol dans le sang et évite le dépôt excessif de particules de graisses dans les tissus hépatiques, prévenant ainsi l'artériosclérose. Cette plante potagère est aussi conseillée aux diabétiques. Les branches crues sont recommandées en cas d'œdèmes, de cellulite, d'urée et de rétention d'eau.

Consommation : en dehors de sa consommation sous forme de légume, il est aussi possible de prendre l'artichaut sous forme de gélules ou de comprimés.

Si vous le consommez cuit, mangez-le vite car il s'oxyde alors rapidement et peut même devenir toxique et provoquer des douleurs intestinales, de la diarrhée et des crampes d'estomac.

Contre-indication : ne pas donner d'artichaut aux femmes qui allaitent car l'artichaut est un anti-galactogène.

ASPERGE

Nom latin : *Asparagus officinalis*

Origine : cette liliacée est une plante commune dans nos jardins.

Les feuilles se présentent sous forme d' " écailles ", les fleurs sont jaune verdâtre et les fruits des baies rouges.

Les parties utilisées sont les racines et le rhizome.

Principaux composants : un saponoside et des fructosanes qui sont des glucides.

Propriétés thérapeutiques : diurétique.

Indications : seul pour faciliter la sécrétion urinaire, avec d'autres plantes pour drainer les organes émonctoires, pour prévenir les dysfonctionnements des organes excréteurs (en particulier foie et rein) et pour se débarrasser de troubles hépatiques ou rénaux.

Consommation : en dehors du légume dont la consommation est recommandée, on trouve aussi l'asperge sous forme de soluté buvable souvent en association avec d'autres plantes (généralement : ache, fenouil, persil, artichaut...).

ASPÉRULE ODORANTE

Origine : cette petite plante herbacée de la famille des rubiacées possède des petits fruits globuleux couverts de poils rêches et crochus.

On emploie toute la plante.

Principal composant naturel : un hétéroside donnant de la coumarine.

Principale propriété thérapeutique : antispasmodique.

Indications : digestions difficiles et insomnies.

Consommation : sous forme de capsules vendues en pharmacie et en magasins spécialisés.

AVOCAT

Nom latin : *Laureus persea*

L'avocat est un aliment très nourrissant.

Principaux composants : l'avocat est riche d'une huile contenant environ 5 % de substances trophiques (servant à la nutrition des tissus) notamment des gencives, de la peau et des cartilages. Ses feuilles et ses bourgeons ont des vertus digestives.

Propriétés thérapeutiques : l'avocat est particulièrement indiqué pour lutter contre l'usure des cartilages, le dessèchement et le vieillissement de la peau, la constipation et les règles douloureuses…

Consommation : on peut l'ingérer sous la forme du fruit lui-même mais aussi de son huile ou sous forme de gélules. Son huile en usage externe accélère la cicatrisation des tissus.

BAMBOU

Nom latin : *Phyllostachys nigra*

Origine : le bambou, qui peut atteindre plus de 30 mètres de hauteur, est répandu dans tous les pays subtropicaux et tropicaux connaissant un fort taux d'humidité, notamment en Asie.

Ses propriétés apaisantes sont connues des Chinois depuis de nombreux siècles. Ils l'emploient pour soigner, en particulier, l'aphonie, les aphtes, l'ivresse, l'insomnie.

Principal constituant chimique : silice.

Propriétés thérapeutiques : la silice contenue dans les bambous agit sur la fièvre et assèche les glaires. Il est également recommandé pour ses propriétés diurétiques.

Indications : le bambou est particulièrement recommandé pour renforcer la bonne santé de l'estomac, du cœur, des poumons et de la vésicule biliaire.

Consommation : on peut manger particulièrement les jeunes pousses, boire le jus de bambou ou l'acheter en conserve pour l'intégrer à des salades composées. On le trouve aussi dans les pharmacies et les magasins spécialisés, mélangé à d'autres ingrédients, sous forme d'ampoules ou de gélules.

BARDANE

Nom latin : *Arctium lappa*

Origine : elle pousse principalement en Europe jusqu'à 1 800 mètres. On la trouve à l'état sauvage sur les terrains incultes et au bord des chemins.

Elle est consommée bouillie dans plusieurs pays : en Scandinavie mais aussi au Japon et dans le sud de la France. C'est cependant sa racine qui est la plus utilisée à cause de ses vertus purifiantes depuis qu'elle aurait guéri le roi Henri III de la syphilis.

Principaux composants : substances insaturées antibactériennes et polysaccharides dérivés du lévulose.

Propriétés thérapeutiques : la bardane est très efficace comme dépuratif grâce à ses acides phénols favorisant l'élimination des toxines au niveau du foie et des reins.

La bardane agit aussi en cas de diabète grâce à son action régulatrice sur la glycémie (concentration du sérum sanguin en glucose) qui permet d'abaisser les taux de glycémie trop élevés.

Indications : elle est principalement employée pour soigner les problèmes de peau : acné, eczéma, furoncles, psoriasis ou encore les abcès. Elle contribue aussi à la stimulation des fonctions d'élimination du foie et des reins, traitement adjuvant du diabète.

Consommation : vous pouvez consommer la bardane cueillie à la campagne bouillie ou vous en procurer sous forme d'ampoules, souvent en association avec la pensée sauvage (plante dépurative), vendues en pharmacie ou dans les magasins spécialisés.

BASILIC

Nom latin : *Ocimum basilicum*

Origine : cette labiée est originaire d'Inde mais elle est réputée en Europe depuis l'Antiquité. Sa culture se concentre essentiellement autour de la Méditerranée à cause de sa grande vulnérabilité au gel.

Propriétés : c'est un tonique nerveux. Le basilic possède des vertus digestives. Ces autres propriétés : antispasmodique, antiseptique, anti-inflammatoire.

Indications : il est recommandé en cas de problèmes de digestion, de fatigue, de maux de ventre, de stress ou d'angoisse.

En usage externe, il est très efficace contre les piqûres d'insecte et les aphtes.

Consommation : utilisé essentiellement comme condiment, le basilic possède la propriété de désinfecter les aliments auxquels il est mélangé.

En plus de son usage condimentaire, il est possible de consommer le basilic sous forme de gélules, de tisanes ou de comprimés en vente en pharmacie ou dans les magasins spécialisés à raison de 1 à 5 gr par jour.

BLÉ

Nom latin : *Triticum sativum*

Origine : on ne présente plus une des céréales les plus cultivées et les plus consommées au monde avec le riz. Le blé servait déjà de nourriture en Mésopotamie il y près de sept mille ans mais ce sont les anciens Egyptiens qui fabriquèrent les premiers pains.

Principaux composants : le blé est riche en amidon, en acides gras essentiels (AGE), en gluten, en protéines, en vitamine E, en magnésium, en stérols à la fois hypolipémiants et hypocholestérolémiants.

Propriétés et indications : il a une action antioxydante et hypocholestérolémiante. Le son est un excellent laxatif en cas de constipation chronique. Son huile est particulièrement recommandée (voir le chapitre Les Huiles Végétales à “ Germe de Blé ”).

En usage externe, c'est un bon antirides car son amidon est hydratant et protecteur de la peau. Il protège contre la sénescence cellulaire.

Consommation : il existe trois principaux groupes de blé : le blé mou (pour la pâtisserie), le blé dur (pour le pain), le blé durum (pour les pâtes alimentaires). Toutes ces variétés sont regroupées sous l'appellation de froment, de même que l'épeautre (voir ce nom plus bas).

Le son constitue l'enveloppe du grain de blé, il est riche

en fibres et en protéines. Il se saupoudre sur les salades, se mélange aux potages ou se consomme sous forme de pain complet. Le blé est la base de la plupart des pâtes alimentaires.

Le germe est l'embryon du grain et le plus riche en éléments nutritifs.

On tire aussi du blé la semoule, le couscous, le gluten…

CACAO

(Voir Chocolat)

CAFÉ

Nom latin : *Coffea arabica* ou *robusta*

Origine : le caféier est originaire des pays tropicaux.

Beaucoup d'entre vous ont dû certainement en avaler des litres dans leur vie sans savoir que le café, évidemment riche en caféine, possédait des propriétés thérapeutiques plus importantes que le simple fait, ce qui n'est déjà pas mal, de donner un coup de fouet en cas de besoin... à condition de ne pas en abuser.

Principaux composants : la caféine, qui se trouve aussi dans le thé et le maté (boisson d'origine sud-américaine), est en effet l'alcaloïde du café qui est un stimulant du système nerveux.

Propriétés thérapeutiques : cette substance est un stimulant du corps et de l'esprit. Elle permet d'améliorer les performances psychiques et physiques. Ce que l'on sait moins c'est que la caféine a aussi une action inhibitrice sur le stockage des graisses d'où son utilisation dans les régimes amaigrissants. Ainsi, la prise de caféine avant l'effort physique permet de réduire l'utilisation des réserves de glycogène de l'organisme, qui sont les sources d'énergie du corps, et d'augmenter l'élimination des lipides. Conséquence : le sportif dispose de plus d'énergie pour exercer son activité et brûle plus de graisses, facilitant par là-même la perte de poids. La caféine est aussi un bon diurétique et un tonicardiaque efficace.

Indications : le café, à doses raisonnables, peut donc être absorbé en cas de fatigue, de chute de tension mais aussi de fièvre ou pour traiter l'obésité. En général la consommation d'environ trois à quatre tasses par jour évite de subir les effets désagréables d'une ingestion trop importante de caféine. La prise de café permettrait aussi de réduire le risque de souffrir de la maladie de Parkinson d'après une étude menée à la fois au Japon et aux États-Unis.

Contre-indications : acidose tissulaire, gastrite, hypertension, nervosité, troubles du sommeil...

CAMOMILLE

Nom latin : *Anthemis nobilis*

Origine : originaire des régions méditerranéennes, la camomille pousse spontanément dans toute l'Europe occidentale. Les Egyptiens l'avaient dédiée au soleil en raison de son efficacité contre les fièvres. Le médecin grec Galien la recommandait contre les courbatures et les troubles féminins. Même si on associe facilement cette plante de la famille des Composées aux tisanes de grand-mère, ses premières applications furent d'abord esthétiques, notamment dans le domaine des soins de la peau.

Principaux composants : acides-phénols, coumarines, flavonoïdes, huile essentielle, lactones sesquiterpéniques.

Propriétés thérapeutiques : ses principales propriétés médicinales sont d'être antispasmodique, anti-inflammatoire, cholagogue, fébrifuge, emménagogue, sédative, tonique général.

Indications : elle facilite aussi la digestion. Aussi conseille-t-on la camomille en cas de ballonnements, de digestion difficile, dans les états fébriles ou en cas de règles douloureuses, de migraines, de névralgies, de colite, de démangeaisons, de maux d'estomac, de douleurs musculaires, d'irritations de la peau, de nervosité, d'insomnies, et de conjonctivites. Elle adoucit les yeux et les paupières.

Consommation : si son usage le plus courant est sous forme de tisane (pas plus de trois têtes par tasse à laisser infuser cinq minutes au plus), il est aussi possible d'en ingérer sous forme de gélules, de sachets, d'infusettes ou de comprimés vendus dans les pharmacies ou les magasins spécialisés en dose quotidienne de 1 à 5 gr au plus.

CANNELLE

Nom latin : *Cinnamomum zeylanicum*

Origine : cette épice si courante dans nos cuisines possède aussi des propriétés thérapeutiques.

C'est le liber de la cannelle (face interne de l'écorce, conductrice de la sève) qui est utilisée habituellement.

Propriétés thérapeutiques : aphrodisiaque, antispasmodique, digestif, stimulant des sécrétions gastriques, tonicardiaque.

Indications : la cannelle est donc à utiliser en cas d'asthénie sexuelle, d'état grippal, de digestion difficile ou de fatigue.

Consommation : la cannelle à utiliser doit être la variété originaire de Ceylan et non celle de Chine beaucoup plus fade. A part son usage comme épice, il est possible de l'utiliser sous forme de tisanes, de gélules ou de comprimés en vente dans les pharmacies et les magasins spécialisés. La dose quotidienne conseillée est de 1 à 3 gr par jour.

Petit truc : le vin chaud à la cannelle est un excellent tonique antigrippal.

CAROTTE

Nom latin : *Daurus carota*

Origine : cette ombellifère est bourrée de provitamines A appelées caroténoïdes qui lui donnent son bel aspect orangé.

Propriétés thérapeutiques : la racine (partie conique que l'on mange habituellement) est un stimulant cellulaire et un protecteur du foie. Ses graines sont apéritives, carminatives, digestives et galactogènes.

Indications : les graines sont donc recommandées en cas de digestion difficile, de ballonnements et de manque d'appétit.

En usage interne et externe, la carotte ou les produits à base de caroténoïdes préparent en douceur à l'exposition solaire. Ainsi, l'huile qu'on en tire assure un bronzage artificiel par coloration interne. Cependant, elle ne protège pas des effets nocifs du rayonnement solaire dont il faut quand même se prémunir.

Consommation : outre manger la carotte sous sa forme naturelle, crue ou cuite, il existe aussi une huile essentielle de carotte utilisable à des fins thérapeutiques mais qui ne contient pas de carotène donc inadéquate pour une quelconque préparation au bronzage. On peut ingérer cette huile sous forme de capsules de 250 à 500 mg à raison de 3 à 6 par jour.

CASSIS

Nom latin : *Ribes nigrum*

Origine : les baies de cassis viennent du groseillier noir et du cassier de la famille des saxifragacées. L'arbrisseau est touffu, ses feuilles sont lobées, ses fleurs rougeâtres à l'intérieur et verdâtres à l'extérieur. Le fruit se présente sous la forme d'une petite baie globuleuse noire. Les parties utilisées sont les bourgeons, les fruits et les feuilles.

Principaux composants : les fruits sont riches en vitamine C et en pigments anthocyaniques. Les bourgeons et les feuilles contiennent une huile essentielle contenant du cymène.

Propriétés thérapeutiques : les feuilles et les bourgeons ont une action antirhumatismale, diurétique et reconstituante. Les fruits agissent sur la circulation veineuse, sur l'acuité visuelle et sur la micro-circulation.

Indications : troubles circulatoires à cause des pigments anthocyaniques. Amélioration de l'acuité visuelle. Action sur l'arthrose en association avec l'harpagophytum, contre les rhumatismes en association avec du frêne et de la reine-des-prés.

Consommation : outre la consommation des baies, vous pouvez aussi ingérer des gélules de poudre combinant la myrtille, le cassis et la carotte, notamment pour améliorer l'acuité visuelle.

Il est aussi possible de consommer le cassis en infusion de feuilles sèches en combinaison avec d'autres plantes (frêne, reine des prés).

CÉRÉALES

Parmi les céréales, outre le blé, l'épeautre, le maïs cités ci-dessus, il convient de noter aussi les excellents apports nutritifs des céréales suivantes :

Avoine : cette céréale riche en matières grasses contient un antioxydant qui la protège contre le rancissement.

Elle renferme une hormone de croissance, l'auxine, excellente pour les enfants et de la silice.

Millet : cette céréale est plus ancienne que le blé, l'orge, et le seigle ! C'est la seule céréale alcalinisante. Elle ne provoque pratiquement jamais d'allergie.

Orge : c'est une céréale très facile à digérer.

Elle combat les inflammations des voies urinaires, les affections hépatiques et les problèmes du système digestif.

L'orge mondé est un orge complet dont on a seulement enlevé l'enveloppe extérieure qui n'est pas comestible.

L'orge perlé est à éviter car elle subit six polissages qui la privent du germe et de la plupart de ses sels minéraux, de ses fibres, de ses protéines et de ses lipides !

Quinoa : originaire d'Amérique, cette céréale est aussi appelée “ graine des Incas ”. Elle fournit des protéines très complètes. Elle contient aussi du fer, du calcium, des vitamines E et B, du phosphore...

Riz : sans doute la céréale la plus cultivée au monde après le blé.

Il y a plusieurs variétés de riz : à longs grains, à grains courts, brun, complet, basmati, aromatique... Ils sont tous recommandés.

Le riz “ sauvage ” est aussi excellent mais ce n’est pas du riz ! C’est une herbe aquatique sauvage à grains

Evitez à tout prix le riz blanc car il a subi un polissage de ses grains qui lui a fait perdre la quasi-totalité de ses nutriments ! Il est même quelquefois poli avec du talc ou du glucose pour lui donner un aspect plus brillant.

Seigle : c’est une céréale très riche en magnésium.

Citons aussi l’amarante, le sarrasin, la kasha, le pilpil, le boulghour, le teff, le triticale... toutes céréales très riches en nutriments essentiels, notamment en protéines et en sels minéraux.

CERISE

Nom latin : *Prunus cerasus*

Origine : le cerisier est un arbre de la famille des rosacées à écorce lisse noirâtre. Dans nos régions, ses fleurs sont blanches et odorantes, ses feuilles luisantes et ovales, ses fruits des drupes globuleuses et rouges. On utilise le fruit et les queues de cerise.

Principaux composants : des flavonoïdes et des tanins catéchiques.

Principale propriété thérapeutique : la queue de cerise est diurétique.

Indications : la cerise facilite la digestion (une trop grande consommation peut d'ailleurs entraîner une petite diarrhée) et l'élimination urinaire.

Consommation : sous forme des cerises en ce qui concerne le fruit et en tisane pour les queues de cerise.

CHOCOLAT

Nom latin : *Theobroma cacao*

Origine : la réputation du fruit du cacaotier, le cacao, n'est plus à faire. Son nom grec " theobroma " veut dire " aliment des dieux " !

Sa graine sert à la fabrication du chocolat et du cacao en poudre.

Le chocolat aurait été fabriqué, à l'origine, par la civilisation olmèque au sud du Mexique près de 3000 ans avant J.-C. Il leur fut emprunté par les Mayas avant que les Espagnols ne l'importent en Europe après la découverte de l'Amérique par Christophe Colomb.

Jusqu'à la révolution française, le chocolat était la boisson en vogue avant que le thé et le café ne le supplantent

Principaux composants : théobromine, antioxydant, flavonoïdes, phényléthylamine, sérotonine, caféine, acides gras saturés, fibres, sels minéraux (calcium, cuivre, magnésium, phosphore, potassium), vitamines B8 et E.

Propriétés thérapeutiques : la théobromine est un alcaloïde diurétique et vasodilatateur des artères coronaires mais ayant aussi une action sur le cerveau, le cœur et les muscles.

Le chocolat est aussi un anti-stress, un anti-dépresseur, un aphrodisiaque (à cause de la phényléthylamine), un aliment énergétique.

Indications : la théobromine est utilisée après torréfaction contre l'obésité (blocage des graisses) et contre l'asthme comme antispasmodique. Le cacao est aussi efficace contre les rétentions d'eau et les oedèmes. Son action sur le mental en fait un excellent anti-stress mais agit aussi favorablement sur les états dépressifs, les angoisses, l'anxiété, le surmenage physique et intellectuel, le manque d'appétit, l'anorexie nerveuse...

Consommation : on peut consommer le chocolat pur, de préférence sous forme de chocolat noir (pour avoir cette appellation, il doit contenir 43 % de cacao minimum et 75 % maximum).

Le chocolat à croquer doit contenir au moins 35 % de cacao. Le chocolat au lait est composé d'environ 30 % de cacao minimum auquel on a ajouté du lait en poudre ou du lait concentré

Il faut éviter l'effet de dépendance qui peut se créer à la suite d'une trop longue habitude de la consommation de chocolat suite à des frustrations, des échecs, un deuil, des émotions intenses...

On peut aussi consommer du cacao sous forme de gélules ou comprimés vendus en pharmacie ou dans les magasins spécialisés.

CITRON

Nom latin : *Citrus limonum risso*

Origine : le citronnier de la famille des rutacées possède des fleurs très odorantes, blanches à l'intérieur et pourpres à l'extérieur, les fruits sont ovoïdes. Les parties utilisées sont le zeste et la pulpe.

Principaux composants : dans la pulpe, on trouve de l'acide citrique, de la vitamine C (acide ascorbique) et P ; des citroflavonoïdes dans l'écorce. Le fruit est riche en flavonoïdes dont l'hespéridoside et l'ériodictyoside, l'huile essentielle contient des dérivés terpéniques dont beaucoup de limonène et un peu de citral. On trouve aussi de la pectine dans le citron.

Propriétés thérapeutiques : outre ses vertus antiseptiques assez connues, le citron est aussi un antispasmodique, un tonique, un stimulant du foie et un détoxiquant. Il possède aussi des vertus digestives.

L'huile essentielle de citron est antiseptique, antiprurigineuse et bactéricide. L'acide citrique et les vitamines C et P contenus dans le jus de citron en font un excellent diurétique qui est par ailleurs un stimulant des fonctions hépatiques. L'écorce du citron est riche en citroflavonoïdes ayant les propriétés de la vitamine P. Ses feuilles utilisées en tisanes ont des propriétés antispasmodiques et calmantes.

Indications : facilite la digestion, l'élimination urinaire, mais aussi aide à lutter contre les états d'asthénie et l'athérosclérose.

Consommation : Le citron ajouté aux aliments, en plus d'en améliorer le goût, a un rôle antiseptique sur ceux-ci et augmente leur digestibilité. Les feuilles sont utilisées sous forme de tisane.

CITROUILLE

Nom latin : *Cucurbita maxima*

Origine : le nom de citrouille est plus courant en Amérique du Nord (certaines variétés ont même été la base de l'alimentation des Amérindiens pendant des siècles) tandis qu'en Europe on emploie plus usuellement celui de potiron. En fait, ce sont des courges faisant tous deux partie de la famille des cucurbitacées mais dont les pédoncules diffèrent. Le pédoncule du potiron est évasé au point d'attache, souple et cylindrique tandis que celui de la citrouille est sans renflement, dur et fibreux.

Principaux composants : protéines notamment dans les graines, riches en vitamines A, en minéraux : cuivre, fer, magnésium, phosphore, zinc mais aussi en thiamine et en riboflavine.

Propriétés thérapeutiques : diurétique, antiparasitaire, enthelmintique

Indications : infections urinaires, inflammation de la vessie, dysenterie, troubles de la prostate, efficace contre le ténia et l'ascaris tout en aidant à la cicatrisation du tube digestif, prévention de la carie dentaire, parasitose intestinale.

Consommation : on peut consommer la citrouille sous forme de légumes ou de sirop d'orgeat (boisson sirupeuse confectionnée à partir d'une décoction de graines de courges, d'eau de fleur d'oranger et d'orge). On peut aussi griller les graines au four.

Les semences peuvent être ajoutées aux salades, aux pâtes et aux légumes.

COCO (NOIX DE)

Nom latin : *Cocos nucifera*

Origine : le cocotier est un arbre de la famille des arécacées poussant dans les pays chauds. La partie utilisée est la graine.

Principaux composants : l'eau de coco est riche en sels minéraux et notamment en potassium, en protéines et en sucres.

Propriétés thérapeutiques : l'eau nutritive est réhydratante et isotonique. La coque produit un charbon végétal antidiarrhéique utilisé contre les diarrhées et les gaz intestinaux.

En usage externe, le lait de coco entre dans la composition de savons, de shampooing, de crèmes solaires...

Consommation : on peut manger la chair nature ou au sein de préparations alimentaires. Le lait de coco, fait à partir de pulpe broyée, est très nourrissant et contient des lipides.

CORIANDRE

Nom latin : *Coriandrum sativum*

Origine : la coriandre provient d'une petite plante herbacée de la famille des ombellifères, les fleurs sont de couleur blanc rosé et le fruit globuleux. On utilise principalement le fruit.

Principal composant : l'huile essentielle de coriandre est riche en linalol.

Propriétés thérapeutiques : carminatif et eupeptique.

Indications : facilite la digestion et lutte contre les troubles nerveux ou les états de stress et de nervosité.

Consommation : sous forme de condiments pour accompagner les plats.

COROSSOL

Nom latin : *Annona muritaca*

Origine : on utilise les bourgeons, les fruits, les feuilles, les fleurs et les racines de cette plante de la famille des annonacées dit aussi corossol épineux, amlon ou sounzoun poussant en zone tropicale, surtout en Asie.

Propriétés thérapeutiques : les feuilles, les fleurs et les bourgeons sont fébrifuges et pectoraux. La racine est parasiticide et antispasmodique. La poudre de fruit vert est antidiarrhéique. Le corossol est aussi anthelminthique, antigrippal et antipyrétique.

Indications : contre la diarrhée, les vers intestinaux, l'état grippal, la fièvre, la toux et la bronchite.

Consommation : on peut manger les fruits (corossoles) qui servent aussi à préparer une liqueur. On peut, de même, consommer le corossol sous forme de tisanes, de gélules ou de comprimés à raison de 1 à 3 gr par jour. On trouve en général ce fruit dans les magasins asiatiques.

COURGE

Nom latin : *Cucurbita pepo*

Origine : plante de la famille des cucurbitacées appelée aussi pâtisson ou calebasse. On utilise principalement les graines ou pépins.

Propriétés thérapeutiques : les graines de courge ont une action ténifuge et sont un excellent décongestionnant prostatique. Elles ont aussi des propriétés anti-inflammatoires, décongestionnantes, dépuratives et vermifuges. Les semences écrasées sont calmantes et laxatives.

Indications : l'huile extraite de la courge est très efficace contre le prostatisme. Les graines sont donc utilisées en cas d'adénome prostatique, de troubles de la miction ou de douleurs pelviennes. Les fleurs de courge servent en cas de troubles hépatiques et digestifs. Elles atténuent les gonorrhées et les néphrites.

Consommation : l'huile de courge peut être utilisée dans les salades ou en capsules de 500 mg à 1gr à raison de 6 gr maximum par jour.

Dès que vous ressentez les troubles décrits plus haut, faites une cure de vingt jours. Vous pouvez aussi manger les graines fraîches et entières à raison de dix à vingt quotidiennement.

La pulpe des jeunes courges est comestible mais mures elles servent d'instrument de cuisine.

DAÏKON

Nom latin : *Raphanus sativus longipinnatus*

Origine : le daïkon est le radis japonais dit aussi radis blanc, radis oriental ou radis de Satzouma. C'est un grand navet blanc au goût piquant. Il possède de nombreuses vertus thérapeutiques.

Principal composant : surtout de la vitamine C.

Propriétés thérapeutiques : aide au travail de l'assimilation et de la digestion, dissolution des dépôts graisseux du sang et de la cellulite.

Indications : cholestérol, cellulite, digestion difficile.

Consommation : on peut le manger râpé en salade mais du fait de son âcreté, il est conseillé de le consommer en ragoût, en soupe ou d'en faire la base de sauces.

DATTE

Nom latin : *Phoenix dactylifera*

Origine : le dattier est un palmier poussant dans les régions tropicales mais qui ne donne des fruits que dans les régions chaudes et désertiques.

Principaux composants : la datte est riche en sucres et en fibres, et, de ce fait, extrêmement nourrissante.

Propriétés thérapeutiques : la datte a un effet laxatif doux. C'est aussi un excellent antitussif et un calmant des irritations de l'appareil urinaire.

Indications : de par leurs propriétés, les dattes sont utilisées comme aliment, en cas de constipation et de toux.

Consommation : on peut les consommer sous forme de fruit sec ou de pâte.

DATTE DU DÉSERT

Nom latin : *Balanites aegyptiaca*

Origine : il convient de signaler ici la datte poussant sur le **dattier du désert** de la famille des zygophyllacées car elles ont des propriétés légèrement différentes de la datte commune.

Principaux composants : les dattes du désert sont des fruits très riches en sucres, bourrés de vitamines.

Propriétés thérapeutiques : action hypocholestérolémiante. L'huile alimentaire qui en est retirée, à faible viscosité, contient près de 60 % d'acides gras insaturés (linoléique et oléique). Les racines sont un hépatoprotecteur et un fébrifuge.

Indications : la datte agit sur le cholestérol mais aussi en cas de troubles hépatiques, de fièvre ou d'intoxication. Les racines sont utilisées contre la fièvre jaune, les morsures de serpent et les ictères.

Consommation : la datte du désert est un bon complément alimentaire. L'huile et les fruits entrent sans problème dans le cadre d'une alimentation équilibrée. Les racines et les écorces peuvent se consommer sous forme d'extraits, en gélules ou en tisanes.

EPEAUTRE

Noms latins :

Grand épeautre - *Triticum spelta* - Petit épeautre *Triticum monococcum*

Origine : l'épeautre est l'ancêtre du blé tendre. Il était cultivé il y a 7 à 8000 ans par nos ancêtres.

En Europe, le grand épeautre se cultive surtout dans les zones septentrionales et le petit épeautre dans le bassin méditerranéen.

La grande religieuse mystique du XIIe siècle, Hildegarde de Bingen, aurait reçu des révélations divines pour guérir un certain nombre de maladies qui lui indiquèrent en particulier l'épeautre comme un remède à beaucoup d'affections.

Principaux composants : nombreux sels minéraux (calcium, magnésium, potassium, silicium, sodium, souffre, fer), vitamines B1 et B2, fibres, protéines, glucides dont des mucopolysaccharides, acides aminés.

Propriétés thérapeutiques : anti-stress, stimule le fonctionnement de l'intestin grêle et le système immunitaire, aide à la coagulation sanguine. L'épeautre est un tonique de la rate et du pancréas, aide à résister aux infections, au stress, à la lutte contre les insomnies, et favorise la récupération après l'effort physique.

Indications : renforcement des défenses immunitaires,

lutte contre les insomnies, résistance aux infections, stress, récupération de l'effort physique, colite, désordres intestinaux, entretien des systèmes cardio-vasculaire et nerveux.

Consommation : on peut consommer la soupe d'épeautre, les grains d'épeautre en les cuisant comme du riz décortiqué après les avoir fait tremper. On peut utiliser la farine pour faire du pain.

Recommandé pour les personnes présentant une intolérance au blé.

FENOUIL

Nom latin : *foeniculum vulgare*

Origine : cette plante vivace de la famille des ombellifères pouvant atteindre deux mètres de hauteur, à l'odeur anisée, est originaire du bassin méditerranéen.

Depuis l'Antiquité, l'huile de fenouil est employée contre les parasites du corps. Hippocrate recommandait aux femmes de prendre du fenouil pendant l'allaitement ainsi que pour fortifier la vue. On utilise ses fruits, ses fleurs et ses racines.

Principaux composants : l'huile essentielle de fenouil est composée d'anéthol, d'estragol et de fenchone. Les feuilles contiennent un hétéroside flavonique et les racines du saccharose.

Propriétés thérapeutiques : le fenouil, étant riche en huile essentielle d'anéthol, est antispasmodique et spasmolytique. Il est employé pour ses propriétés stimulantes sur l'appareil digestif. Il soigne les douleurs de l'estomac (gastrite) et du côlon (colite). Indiqué en cas d'aérophagie, il neutralise la formation des gaz intestinaux.

Appliqué en compresses, le fenouil soigne l'inflammation des paupières, la conjonctive et les orgelets. Il est recommandé également en cas d'allaitement et pour faciliter l'expectoration des mucosités des bronches.

Le fenouil est aussi employé contre les phénomènes de rétention du syndrome prémenstruel et contre les gonflements qui apparaissent souvent une dizaine de jour avant les règles.

Indications : aérophagie, amincissement, bronchite, colite, gastrite, spasmes, contre tous les troubles digestifs et les problèmes de rétention.

Consommation : s'il est évidemment plutôt conseillé de manger le fenouil au naturel, on peut aussi en prendre sous forme de tisanes à partir d'infusettes et d'extrait fluide ou de jus à partir d'ampoules qui s'achètent dans les pharmacies ou les magasins spécialisés.

En particulier associé avec la menthe poivrée, le fenouil facilite la digestion et procure un grand bien-être.

Dans le cas des gonflements avant les règles, il est conseillé de faire une cure hydrique à base de décoction de racines de fenouil.

Pour les cas d'aérophagie et d'aérocolie (distension douloureuse des anses intestinales causée par les gaz intestinaux de fermentation), on recommande une tasse d'infusion de semences de fenouil.

FENUGREC

Nom latin : *Trigonella foenum graecum*

Origine : cette légumineuse de la famille des papilionacées, aussi appelée foin grec ou trigonelle, est une petite plante herbacée dont les tiges dressées portent des feuilles à trois folioles, les fleurs sont blanchâtres et les fruits des gousses falciformes contenant de dix à vingt grains de couleur brune en forme de losange. Le fenugrec est une plante ayant une forte valeur nutritive connue depuis l'Antiquité.

La partie utilisée est la graine qui a une odeur assez forte.

Principaux composants : principalement du phosphore, beaucoup de glucides et de protides et un composant stimulant la lactation. On extrait de la graine une huile riche en lécithine à l'odeur assez forte.

Propriétés thérapeutiques : le fenugrec a été longtemps employé pour stimuler l'appétit des tuberculeux, restaurer les forces physiques et reprendre du poids.

C'est un bon diurétique, un hypotenseur et un hypoglycémiant efficace.

Indications : diminution de la glycémie des diabétiques et de la tension artérielle des hypertendus, facilitation de l'élimination urinaire, disparition des états de fatigue.

Consommation : on utilise principalement les graines de fenugrec en macération en laissant tremper toute une nuit un bol d'eau additionné de deux cuillerées à soupe de graines. Après avoir laissé macérer, au matin, filtrez le mélange et buvez-le avant le petit déjeuner.

Il existe aussi des versions en poudre aromatisée sous forme de gélules.

FIGUE

Nom latin : *Ficus carica*

Origine : la figue provient du figuier qui est un arbre à cariques de la famille des moracées. Son écorce est lisse, de couleur gris clair, les fleurs petites et les fruit des akènes.

La partie utilisée est la figue qui contient des akènes.

Principaux composants : la figue fraîche renferme des vitamines A et C et des sucres. Le latex suintant de l'arbre contient des enzymes.

Propriétés thérapeutiques : la figue fait partie des fruits pectoraux (conseillé pour les problèmes pulmonaires) avec la datte, le jujube et le raisin sec. Elle possède des vertus anti-inflammatoires. Elle est reconnue depuis l'Antiquité pour ses propriétés émollientes, laxatives et pectorales.

Indications : angines, ulcères de l'estomac et gastrites (notamment les macérats de bourgeons), stomatites.

En application externe, on peut utiliser le latex (suc laiteux s'écoulant de la tige) en applications locales deux à trois fois par jour sur les cors et les verrues.

Consommation : outre la consommation du fruit frais ou sec, on utilise les macérats de bourgeons de figuier et des décoctions ou des macérations qui se préparent à partir de figues sèches.

FRAISE

Noms latins : *Fragaria vesca – fragaria ananassa*

Origine : d'abord poussant à l'état sauvage, la fraise n'a été cultivée que très tardivement. Les fraises apparurent dès la plus lointaine Antiquité en Asie et en Amérique ainsi que dans des zones sub-montagneuses d'Europe occidentale. En France, leur culture n'a débuté qu'au XVIIIe siècle quand Amédée Frézier en ramena du Chili et du Pérou.

Il en existe à l'heure actuelle plus de six cents variétés à la taille, à la couleur et à la saveur multiples.

Principaux composants : vitamine B9 (acide folique) et C (acide ascorbique), des sels minéraux : silice, potassium, magnésium, éther méthylsalicylique, sucres (dont du fructose et de la levulose), cellulose.

Propriétés thérapeutiques : le grand naturaliste suédois Carl von Linné (1707-1778) aurait été soigné de la goutte par des cures de fraise.

La fraise est un laxatif, un eupeptique, un détoxinant, un hypotensif, un diurétique, un dépuratif, un alcalinisant sanguin. Elle a aussi une action cellulosique,

Indications : goutte, douleurs arthritiques et rhumatismes (grâce à la présence d'éther méthylsalicylique), acné, herpès, aérophagie, digestion lente ou difficile (action cellulosique des graines), drainage des toxines, renforcement du système immunitaire, constipation chronique, toux et gorge sèche, hypertension, inappétence.

Consommation : quand vous les achetez, les fraises doivent de préférence être fraîches et complètement rouges. Une zone blanche ou verte près du pédoncule signale qu'elles manqueront de goût.

Il est conseillé de les manger au début du repas sans sucre du fait de leurs vertus apéritives. Si vous avez un régime très carné, consommez-les avec modération ou demandez conseil à votre médecin car l'ingestion successive de fraises et de viandes peut provoquer une réaction des glandes sudoripares : éruptions cutanées, transpiration excessive et rougeurs.

Contre-indications : évitez de manger des fraises si vous souffrez d'allergie, de calculs rénaux, de diverticulose, de colite.

FUCUS

Nom latin : *Fucus vesiculosis*

(Voir aussi Varech)

Origine : cette algue de la famille des fucacées, aussi appelée chêne marin (du fait de sa forme) ou laitue marine, se présente sous la forme de lames foliacées à bifurcations dichotomiques et à bordures dentelées. Les petites vésicules sont remplies d'air pour lui servir de flotteurs.

Quand elle est fraîche, cette algue est de couleur verte tandis que lorsqu'elle est sèche, elle tire plutôt sur le brun olive, voire le noir. On utilise le thalle.

Principaux composants : le fucus est surtout riche en algine ou acide alginique. Il contient aussi des composants bromés et iodés, des oligo-éléments et des sels minéraux.

Propriétés thérapeutiques et **Indications** : contre l'obésité et comme reconstituant, facilite le transit intestinal et comme draineur du poids.

Consommation : on peut trouver des préparations alimentaires à base d'algues sous forme de poudre pour faire des flans par exemple dans les magasins diététiques. Sinon, on l'emploie en gélules.

Le fucus est aussi utilisé comme produit de drainage du poids afin de perdre quelques kilos en association avec les extraits hydroglycérinés d'autres plantes : piloselle, bouleau, frêne, cassis…

GENIÈVRE

Nom latin : *Juniperus communis*

Origine : le genévrier est un buisson à feuilles persistantes et à baies bleu-noir (baies de genièvre) qui se cultive en Amérique du Nord, en Asie septentrionale, en Europe et en Afrique du Nord. En Egypte pharaonique, on l'utilisait pour l'embaumement des cadavres.

Ses vertus médicinales sont connues depuis l'Antiquité. Dioscoride et Pline le conseillaient pour éloigner les bêtes sauvages et les serpents. Au Moyen Âge, en Europe, il était réputé pour chasser les sorcières et pour combattre les épidémies.

Principaux composants : acétate de terpényle et de bornyle, diterpènes, flavonoïdes, huile essentielle composée à 80 % de pinène.

Propriétés thérapeutiques : le genévrier est particulièrement indiqué pour traiter les troubles digestifs : il stimule la sécrétion de bile et améliore l'appétit. C'est l'agent diurétique le plus employé contre les maladies du système urinaire et l'hydropisie. En usage externe, il peut traiter les rhumatismes musculaires.

Indications : arthrite, digestion, goutte, infection urinaire, inappétence, flatulences, rhumatisme.

Consommation : le mode de consommation le plus courant se présente évidemment sous la forme de la si populaire eau de vie de grain aromatisée grâce aux baies de genièvre.

GENTIANE

NOM LATIN : *GENTIANA LUTEA*

Origine : cette magnifique fleur des montagnes est connue depuis l'Antiquité pour soigner les problèmes hépatiques, les vers et soulager la fièvre.

Propriétés thérapeutiques : sa racine possède des vertus apéritives et digestives. Prise principalement en extrait alcoolique ou en infusion, la racine stimule en effet la vésicule biliaire et les glandes salivaires.

Ses principales propriétés : anti-inflammatoire, antipaludéen, cholagogue, tonique, fébrifuge, vermifuge. Elle renforce aussi le système immunitaire.

Indications : la gentiane est indiquée en cas de bouche sèche, de digestion difficile, d'insuffisance hépatique, de fatigue générale, de manque d'appétit, de vers intestinaux.

Consommation : la gentiane est à la base de plusieurs digestifs amers.

Du fait de son amertume, il convient de préparer l'infusion en laissant infuser 30 gr de racines dans un litre d'eau bouillante au moins pendant douze heures. Vous pouvez aussi préparer un vin de gentiane en laissant macérer une dizaine de jours 30 gr de racines dans un litre de vin blanc. En prendre un verre à liqueur avant chaque repas.

La gentiane se consomme aussi à raison de 2 à 5 gr/jour sous forme d'extraits fluides, de gélules ou de tisanes achetés en pharmacie ou dans les magasins spécialisés.

GINGEMBRE

Nom latin : *Zingiber officinalis roscoe*

Origine : le gingembre est une grande plante herbacée de la famille des zingibéracées. Ses feuilles sont lancéolées, ses fleurs verdâtres et ses fruits en forme de capsule. On l'utilise frais ou séché, essentiellement le rhizome.

Principaux composants : il contient surtout des principes actifs puissants : les gingérols qui stimulent la spermatogenèse. Ce qui a été confirmé par des recherches en laboratoire. On en retire aussi une huile essentielle à dérivés terpéniques.

Propriétés thérapeutiques : le gingembre est très riche en huile essentielle à forte odeur camphrée. C'est un tonique puissant et un aphrodisiaque. Le gingembre est un excitant, un cholagogue et il combat les nausées. Il est aussi carminatif.

Indications : le gingembre est conseillé en cas de fatigue intellectuelle et physique. Mais aussi contre le mal des transports, les nausées et les digestions difficiles.

Il s'utilise en cas de rhumatismes, de problèmes d'extinction de voix ou de laryngite. Il permet aussi l'élimination plus aisée du cholestérol. Il est idéal pour le traitement préventif de l'athérosclérose.

Consommation : le mieux est évidemment de consommer la plante, ou plus exactement son rhizome, lui-même frais ou sec. On trouve aussi le gingembre dans les pharmacies et les magasins spécialisés sous forme de gélules, de tisanes, d'extraits fluides ou de comprimés à consommer à raison de 2 à 5 gr par jour.

GINSENG

Nom latin : *Panax ginseng*

Origine : cette plante de la famille des araliacées, originaire de Chine et de Corée, est de plus en plus utilisée en Occident notamment à cause de ses vertus toniques, dynamisantes et aphrodisiaques.

Bien que connue sous le règne de Louis XIV au XVIIIe siècle, elle ne fut redécouverte par la phytothérapie que dans les années 1960. Le ginseng tire son nom de la forme particulière de sa racine, ressemblant à une silhouette humaine. Le mot " ginseng " signifie " homme-racine " en chinois et " essence d'homme " en cantonais.

Utilisée en Chine depuis 5000 ans, cette plante évoquée dans les récits de Marco Polo, fut introduite en Europe au XVIIe siècle, comme on l'a vu.

Principaux composants : le ginseng est riche en substances agissant aussi bien sur le système nerveux que sur le métabolisme. Ces principes actifs sont appelés ginsénosides.

Le ginseng contient aussi de l'amidon, de la choline, onze saponosines triterpéniques, des stérols, des sucres, de la pectine, des vitamines B1, B2, B12, des minéraux.

Propriétés thérapeutiques : parmi les multiples propriétés du ginseng, citons celles d'être un adaptagène, un tonique, un stimulant psychique et physique, un hypocholestérolémiant, un antidiabétique et un hématopoïétique.

Le ginseng possède une action tonique générale sur l'organisme : il augmente les performances physiques et intellectuelles. Il améliore le processus de mémorisation et les réflexes. Il permet une meilleure adaptation de l'organisme à l'effort, en diminuant la sensation de fatigue, les douleurs musculaires, le taux d'acide lactique dans le sang et il augmente l'utilisation de l'oxygène par les muscles.

Enfin, en agissant sur les glandes cortico-surrénales, la racine de ginseng a une action stimulante sur les organes sexuels.

Indications : le ginseng est donc extrêmement conseillé d'une façon générale pour la protection de l'organisme ; en particulier contre la fatigue, le surmenage, le stress, l'impuissance, en cas de convalescence et pour améliorer sa mémoire.

Consommation : il est toujours préférable d'utiliser la racine fraîche ou séchée. Sinon, on le trouve sous forme de tisanes, de gélules, de comprimés, de poudre ou d'extraits fluides dans les pharmacies ou les magasins spécialisés. Il faut en consommer de 1 à 3 gr par jour.

N'utilisez jamais un ginseng titrant moins de 2 % de principes actifs ou du ginseng rouge qui a souvent été bouilli, opération qui détruit les ginsénosides.

On peut aussi préparer son propre vin de ginseng en laissant macérer 50 gr de ginseng dans un litre de vin rouge ou blanc pendant une dizaine de jours. Puis sucrez en fonction de votre goût. En prendre l'équivalent d'un verre à liqueur tous les matins.

GIROFLE (CLOU DE)

Nom latin : *Eugenia caryophyllata Thumb*

Origine : le giroflier est un arbre de la famille des myrtacées pouvant atteindre de 10 à 20 mètres de hauteur. Ses feuilles sont persistantes et ovales ; ses fleurs sont à calice rouge et à corolle blanc rosé et le fruit se présente sous la forme d'une baie allongée.

On utilise le bouton floral non épanoui appelé " clou de girofle ".

Principaux composants : le clou de girofle secrète une huile essentielle très riche en eugénol ou allyl-gaïacol.

Propriétés thérapeutiques : antiseptique, analgésique.

Indications : les huiles essentielles extraites des clous de girofle sont très utiles en cas de douleurs dentaires.

Consommation : sous forme du clou de girofle comme condiment dans les plats ou en poudre dans des capsules, utilisé seul ou en association avec d'autres plantes.

HAMAMÉLIS

Nom latin : *hamamelis virginiana*

Origine : aussi appelé noisetier des sorcières, l'hamamélis est originaire de Virginie (États-Unis). Anciennement utilisé par les Indiens d'Amérique, l'hamamélis fut importé en Europe au XIXe siècle.

Principaux composants : acides-phénols, hétérosides flavoniques, proanthocyanidols, tanins, saponines, catéchines, chaux, choline, fer, potasse, résine.

Propriétés thérapeutiques : l'hamamélis possède des effets bénéfiques sur la circulation sanguine : c'est un vasoconstricteur et un astringent. Son action régulatrice sur la circulation veineuse est particulièrement efficace car il contient environ 10 % de flavonoïdes et de tanins. Tonifiant, il améliore l'élasticité des veines. Il est aussi antioxydant. C'est un analgésique et un hémostatique.

En usage externe, il est utilisé pour soigner les hémorroïdes.

Indications : congestions utérines, ovariennes et pelviennes, fragilité capillaire, hémorroïdes, phlébites, ulcères de jambes, troubles de la ménopause.

De par ses propriétés, l'hamamélis est aussi conseillé en cas de troubles veineux, de varices, d'hémorroïdes, de jambes lourdes, d'hémorragies, de perte de cheveux.

Consommation : sous forme de tisanes, de comprimés, de gélules ou d'extraits fluides en pharmacie ou en magasin spécialisé.

En prendre de 1 à 10 gr par jour.

Si vos troubles persistent, consultez un médecin car il est déconseillé d'utiliser l'hamamélis sur de longues périodes.

HARICOT

Nom latin : *Phaseolus vulgaris*

Origine : genre de plante herbacée annuelle de la famille des papilionacées.

L'appellation de " haricot " recouvre en fait au moins une cinquantaine de variétés différentes dont quatre seulement sont cultivées.

La plus répandue, appelée aussi haricot commun (*Phaseolus vulgaris*), est originaire du Pérou et a été introduite en Europe par Christophe Colomb (1451-1506). Elle est à présent cultivée dans toutes les régions tempérées. Ce haricot commun se décline lui-même en de nombreuses variétés pouvant aller d'une hauteur de 40 cm à près de 2 mètres.

Les fruits sont des gousses, variant du vert au jaune, droites ou courbes contenant les graines (ou haricots) de couleur variable : noire, blanche, colorée.

Principaux composants : les haricots verts sont une excellente source de glucides tandis que les haricots secs sont riches en protéines et pauvres en lipides.

Consommation : les graines sont consommées fraîches ou sèches sous forme de haricots à écosser : lingot, flageolet, coco... Les gousses vertes se mangent sous la forme de haricots verts.

HOUBLON

Nom latin : *Humulus lupulus*

Origine : le houblon est une plante grimpante de la famille des cannabinacées aux tiges longues et volubiles, aux feuilles dentelées. Ses fruits sont des petits akènes.

Le houblon est largement utilisé dans les régions et les pays du Nord pour fabriquer principalement la bière. Les moines ont été les premiers à le cultiver pour ses propriétés sédatives sexuelles ! Il sert à la fabrication de la bière depuis le IXe siècle.

Les parties utilisées sont les cônes couverts de petites glandes jaunes qui sont récoltées par battage et donnent une poudre rouge brun (lupulin).

Principaux composants : asparagines, tanins, glucosides, graisses, flavonoïdes, oestrogènes, résine amère. L'huile essentielle extraite du houblon contient des terpènes et des esters.

Propriétés thérapeutiques : le houblon est principalement un antibactérien, un apéritif, un tonique, un diurétique, un sédatif, un somnifère et un fébrifuge.

Indications : il est surtout recommandé en cas d'anémie, de galactogénèse (stimulation de la lactation), de manque d'appétit, de troubles digestifs nerveux, d'insomnie, de grande excitation sexuelle, de fièvre, d'énurésie.

Consommation : on peut consommer de la bière en dosés modérées mais aussi prendre le houblon sur forme de tisanes, de gélules, de comprimés ou d'extraits fluides achetés en pharmacie ou dans des magasins spécialisés.

A prendre à raison de 1 à 3 gr par jour.

IGNAME

Nom latin : *Dioscorea villosa*

Origine : sa variété cultivée est très connue dans les régions tropicales où l'igname constitue souvent la nourriture de base.

Principaux composants : c'est une plante très riche en phythormones de type oestrogénique (dioscine, diosgénine). La racine sert ainsi de base à la synthèse des hormones en laboratoire.

Propriétés thérapeutiques : l'igname associe un effet antispasmodique et une action hormonale (appelée *hormon-like*).

Indications : l'igname est indiquée en cas de diarrhées, de maux de ventre et, pour les femmes, en cas de troubles prémenstruels.

Consommation : on peut le manger nature et cuit ou l'utiliser sous forme de poudre titrée et d'extraits fluides ou secs que l'on peut se procurer dans les pharmacies ou les magasins spécialisés.

Dose recommandée de 0,50 à 2 gr par jour.

KOLA

Nom latin : *Cola nitida*

Origine : le kolatier appartient à la famille des sterculiacées. Ses feuilles sont grandes et ovales, les fruits sont des follicules verruqueux contenant des graines qui sont la partie principalement utilisée.

La noix de kola est employée depuis très longtemps en Afrique de l'Ouest afin de soutenir des efforts physiques longs et pénibles. Elle s'y consomme fraîche bien qu'ayant une saveur amère, astringente et piquante.

Principaux composants : le kolatier contient en effet beaucoup de caféine et de théobromine que l'on trouve principalement dans la noix de kola séchée. Cette noix a une action plus rapide et puissante sous forme de poudre. Elle est à la base des fameuses boissons sans alcool produites par les Américains et répandues à présent dans le monde entier.

Propriétés thérapeutiques : principalement un stimulant nerveux, un diurétique, un tonicardiaque, un brûleur de graisses.

Indications : la noix de kola est donc recommandée en cas de fatigue nerveuse, intellectuelle ou physique, d'asthénie sexuelle, d'état grippal, d'obésité. Elle est aussi conseillée pour les entraînements sportifs.

Consommation : outre sous sa forme de noix fraîche, on peut consommer la noix de kola en tisanes, en gélules, en extraits fluides ou en vins, à raison de 2 à 8 g par jour, que l'on trouve en pharmacie ou dans les magasins spécialisés.

On peut ainsi préparer son vin de kola en laissant macérer environ 60 gr de noix de kola concassée dans un litre de vin liquoreux pendant une dizaine de jours. A éviter en cas de problèmes cardiaques.

LAMINAIRES

Nom latin : *Laminaria digitata*

Origine : elles font parties des algues marines aux si nombreuses propriétés thérapeutiques.

Principaux composants : elles sont riches en iode, en minéraux (calcium, fer, manganèse, magnésium, potassium, silice, sodium...), en vitamines (A, B, C, D, K...), en oligo-éléments (cuivre, nickel), en protéines, en glucides, en algine (ou mucilage gélifiant).

Propriétés thérapeutiques : amaigrissant, rééquilibrant général, stimulant endocrinien, reminéralisant, laxatif.

Indications : les laminaires sont principalement utilisées en cas d'artériosclérose, de déséquilibre alimentaire, de fatigue générale, de troubles endocriniens, d'hypertension, d'hypercholestérolémie, de rachitisme, d'obésité, de troubles de la ménopause, de colite, de constipation...

Consommation : il existe de nombreuses façons de consommer des algues sous forme de légume. Elles sont même à la base de la nourriture macrobiotique. On peut aussi les prendre en gélules, tisanes, comprimés, ampoules, poudre ou extraits fluides que l'on trouve en pharmacie et en magasin de diététique.

Dose recommandée : de 1 à 5 gr par jour.

LENTILLE

Nom latin : *Lens culinaris* ou *Ervum Lens*

Origine : plante herbacée annuelle de la famille des papilionacées (ordre des légumineuses).

La lentille commune est originaire de la Méditerranée mais se cultive à présent en Afrique du Nord, en Asie et dans toute l'Europe.

Le fruit est une gousse dont la couleur peut varier du rougeâtre au jaune verdâtre en passant par le bleu foncé et qui contient une ou deux graines de forme lenticulaire.

Il existe de fait un grand nombre de lentilles : brune, blonde, verte... Etant en général très résistante aux prédateurs et aux champignons, la lentille est très peu traitée chimiquement.

Principaux composants : les lentilles sont très riches en protéines et pauvres en lipides.

Consommation : ce sont des légumes à haute valeur nutritive. On les consomme fraîches ou en conserve.

LUPIN

Nom latin : *Lupinus*

Origine : genre de plantes appartenant à la famille des papilionacées.

Le fruit de cette légumineuse est une grosse gousse velue. Certaines variétés poussent en Amérique du Nord mais la plupart des espèces annuelles poussent à l'état sauvage sur les bords de la Méditerranée.

Principal composant : la plante, à l'état naturel, est riche en alcaloïdes.

Consommation : le lupin possède une certaine amertume. Cette saveur amère disparaît avec les alcaloïdes à la cuisson. On peut alors consommer les graines à haute valeur nutritive.

MANGOUSTAN

Nom latin : *Garcinia kola H.*

Origine : ce fruit d'origine asiatique est issu d'un arbre appelé garcinia.

Principaux composants : l'extrait hydroalcoolique tiré de ses graines, en particulier, est anti-hépatotoxique (protège le foie).

Propriétés thérapeutiques : le mangoustan est antitussif, antidiabétique, tonique et protecteur hépatique.

Indications : il est indiqué en cas de diabète, d'hépatite virale et de toux.

Consommation : en dehors de son ingestion sous forme de fruit, on en trouve aussi en gélules.

La variété connue sous le nom de *Garcinia Cambogia* qui, comme son nom l'indique, est originaire du Cambodge présente de nombreuses qualités, notamment la pulpe de ce fruit.

Ce mangoustan est en particulier très riche en acide alpha hydroxy-citrique ou acide de fruit. L'extrait sec en contient en général 50 %.

C'est principalement un inhibiteur de la lipogénèse, ce qui signifie qu'il empêche la transformation des sucres en graisses et provoque une élimination des calories superflues.

Il apaise enfin la sensation de faim en inhibant l'ATP citra-se-lyase, substance à l'origine de la transformation des sucres en cholestérol et en graisses. Le *Garcinia Cambogia* est donc un hypocholestérolémiant, un anti-diabétique et un coupe-faim de premier ordre.

Ce fruit est indiqué en cas de surcharge pondérale, de diabète et de cholestérolémie. On peut aussi le consommer sous forme de boissons, de gommes à mâcher, de gélules que l'on trouve en pharmacie ou en magasin spécialisé à raison de 2 à 3 gr par jour.

MARRON D'INDE

Nom latin : *Aesculus hippocastanum*

Origine : importé au XVIIe siècle en France en provenance d'Asie et d'Europe Orientale, cette variété de marronnier pouvant atteindre jusqu'à 30 mètres de haut, s'est bien acclimatée sous nos latitudes.

Il fut d'abord uniquement utilisé comme arbre ornemental avant que l'on découvre ses propriétés thérapeutiques.

Principaux composants : il contient des coumarines, des minéraux, des vitamines B6 et B12, de la fraxine, des flavonoïdes.

L'écorce des branches et l'écorce de son fruit contiennent un principe vitaminique P, l'esculoside. La graine contient quant à elle de l'amidon et une huile efficace contre la goutte et des saponosides.

Propriétés thérapeutiques : décongestionnant prostatique. L'esculoside est un vasoconstricteur et un fluidifiant sanguin employé dans le traitement des troubles veineux. Son écorce est un tonique fébrifuge.

Indications : le marron d'Inde est recommandé en cas d'hémorroïdes, de varices, de congestion hépatique, de troubles circulatoires de la ménopause.

Son écorce est indiquée en cas de fièvre et de manque d'appétit. Il améliore la résistance des capillaires sanguins.

Consommation : on l'utilise sous forme de gélules, de tisanes, de comprimés ou d'extraits fluides à raison de 1 à 5 gr par jour.

Vous pouvez préparer un vin tonique fébrifuge en faisant macérer 8 gr d'écorce en poudre dans un litre de vin rouge pendant une dizaine de jour. Sucrez suivant convenance.

MATÉ

Origine : aussi appelée thé des jésuites ou thé du Paraguay, cette plante de la famille des liliacées est utilisée sous forme de tisane (les feuilles) ou de boisson (les feuilles torréfiées).

Propriétés thérapeutiques : il est employé depuis des temps très lointains comme tonique en Amérique du Sud, notamment le maté vert, riche en caféine. Le maté est un anti-cellulitique, un digestif, un stimulant nerveux et un diurétique.

Indications : il est à boire en cas de convalescence ou de fatigue. De même sa consommation est recommandée au cours d'un régime amaigrissant.

Consommation : on peut aussi le trouver sous forme de gélules, de tisanes ou de comprimés dans les pharmacies et les magasins spécialisés.

A consommer à raison de 2 à 10 g par jour.

MÉLISSE

Nom latin : *Melissa officinalis*

Origine : cette petite plante de la famille des labiées est originaire d'Asie Mineure. Ses feuilles sont ovales d'un vert sombre sur la face supérieure ; les fleurs ont une corolle blanche parfois parcourue de taches roses ; ses fruits sont des tétrakènes. Son odeur est très citronnée. On utilise principalement la tige feuillée. On utilise ses feuilles et ses sommités fleuries.

La mélisse fut importée au Moyen Âge sur le pourtour méditerranéen. Elle est à présent cultivée dans toute l'Europe.

Elle fut très réputée chez les médecins arabes dès le Xe siècle. Paracelse, fameux médecin et alchimiste suisse (1492-1541), la recommandait pour les problèmes de cœur.

Principaux composants : alcools aromatiques, acides-phénols, flavanoïdes, hétérosides de monoterpènes, triterpènes.

Son huile essentielle est riche en citral et en citronnellal.

Propriétés thérapeutiques : ses principales propriétés sont d'être un sédatif et un antispasmodique qui permet de soigner les troubles nerveux comme les spasmes intestinaux et digestifs et les maux d'estomac. Elle est aussi carminative.

Indications : anxiété, digestion difficile, émotivité, troubles du sommeil, fatigue intellectuelle et physique, vomissement pendant la grossesse, règles douloureuses, troubles digestifs d'origine nerveuse, palpitations nerveuses.

Consommation : la mélisse se prend principalement en infusion mais aussi en poudre sous forme de gélules.

MENTHE POIVRÉE

Nom latin : *Mentha piperita*

Origine : il existe de nombreuses variétés de menthe mais les plus connues et les plus employées sont la menthe sauvage (Mentha arvensis) et surtout la menthe poivrée qui est un hybride de culture. Les feuilles de menthe sont utilisées partout dans le monde.

Hippocrate, le père de la médecine, lui conférait des propriétés aphrodisiaques. Pline l'Ancien la recommandait pour les maux de tête.

Elle fut exportée d'Angleterre au XVIIIe siècle, d'abord vers toute l'Europe, puis, aux États-Unis.

Principaux composants : contrairement à de nombreuses plantes à essence dont la qualité s'améliore avec l'augmentation de la température, la menthe est d'autant plus riche en éléments actifs et notamment en menthol qu'elle pousse dans les régions froides ! Ainsi, la menthe anglaise est une des plus renommées. Elle contient des caroténoïdes, des flavonoïdes et des triterpènes.

Propriétés thérapeutiques : antispasmodique, antiseptique, cholérétique, digestive, stimulante.

Indications : elle est conseillée en cas de digestion difficile, de fatigue, de maux d'estomac, de troubles digestifs.

Consommation : bien que son mode de consommation

habituelle soit la tisane ou le fameux thé à la menthe oriental, on peut aussi se la procurer sous forme de comprimés ou de gélules dans les pharmacies et les magasins spécialisés. A prendre à raison de 2 à 5 gr par jour.

Il est déconseillé en général d'employer la menthe ou des préparations à base de menthe (même à usage externe comme des dentifrices) en cas de traitement homéopathique à cause d'une incompatibilité supposée entre la menthe et les remèdes utilisés en homéopathie.

L'absorption de menthe diminuerait la possibilité d'absorption perlinguale (sous la langue), qui est le mode commun de prise des médicaments homéopathiques. Même si ce risque n'est pas prouvé, il est au moins recommandé de ne pas prendre de menthe ou de produits en contenant dans l'heure précédant une prise de remèdes homéopathiques.

MYRTILLE

Nom latin : *Vaccinium myrtillus*

Origine : cette petite baie bleuâtre pousse sur un petit arbrisseau à feuilles caduques blanches ou rosées de la famille des éricacées. On la retrouve dans tout l'hémisphère nord, surtout dans les régions montagneuses. Les parties utilisées sont la feuille et le fruit.

Durant le second conflit mondial, les aviateurs consommèrent des myrtilles pour améliorer leur vision nocturne.

Principaux composants : vitamines A et C, acides organiques, acides-phénols, proanthocyanidols, de nombreux tanins aussi bien dans la feuille que dans le fruit, des pigments anthocyaniques dans le fruit, un glucoside dans les feuilles.

Propriétés thérapeutiques : les feuilles renforcent la chevelure et sont hypoglycémiantes. Les baies sont souveraines contre les spasmes intestinaux, les diarrhées. Les pigments favorisent la régénération du pourpre rétinien. Les pigments anthocyaniques ont des propriétés vitaminiques P.

Indications : problèmes de circulation sanguine, jambes lourdes, varices, vision nocturne, amélioration des facultés visuelles du fait des propriétés vitaminiques P qui favorisent la régénération du pourpre rétinien

Consommation : vous pouvez consommer les baies nature,

mais il est aussi possible de prendre l'airelle myrtille sous forme de gélules, en général au sein d'un mélange cassis/carotte/myrtille vendu dans les magasins spécialisés.

NOISETTE

Nom latin : *Corylus avellava*

Origine : fruit du noisetier répandu en Europe et aux États-Unis dont l'amande oléagineuse est appréciée pour sa saveur.

Principaux composants : traditionnellement utilisée comme ténifuge, l'huile de noisette est maintenant partie prenante de l'aromathérapie (guérison par les huiles essentielles), notamment pour régulariser les peaux grasses, car elle s'avère très riche en acides gras insaturés.

Propriétés thérapeutiques : en usage interne, la feuille peut être utilisée en infusion pour résoudre les problèmes circulatoires. De même, l'huile de noisette est un excellent digestif, un fortifiant, un reminéralisant et un vermifuge.

Indications : on peut évidemment manger des noisettes nature ou utiliser l'huile de noisette telle quelle dans l'alimentation, dans les salades ou avec les crudités ou en boire une cuillérée à raison de 3 à 6 g par jour.

NOIX

Nom latin : *Nux*

Origine : commune dans toute l'Europe. Le père de la médecine occidentale, Hippocrate connaissant déjà les vertus ténifuges de ce fruit du noyer.

Principaux constituants chimiques : la coque contient une amande riche en huile alimentaire.

Propriétés thérapeutiques : la noix possède des vertus astringentes, antiseptiques, antidiabétiques, toniques, vermifuges. C'est un excellent stimulant digestif et hépatique.

Indications : elle peut être utilisée en cas d'anémie, de bronchite chronique, de diabète, de diarrhée, de rachitisme et contre le ténia.

Consommation : à part l'ingestion de son amande, on peut aussi trouver la noix sous forme de gélules, de tisanes, d'extraits fluides, de comprimés dans les magasins spécialisés et les pharmacies.

A consommer à raison de 2 à 10 g par jour.

Il est possible de préparer un vin de noix thérapeutique en laissant macérer 40 gr de brou dans un litre de vin ou 500 gr de brou dans un litre d'eau de vie pendant trois mois. Ensuite filtrez puis versez dans trois litres de vin sucré.

OIGNON

Nom latin : *Allium cepa*

Origine : l'oignon provient d'une plante de la famille des liliacées. La tige est creuse, les feuilles de couleur bleu verdâtre, le bulbe volumineux, les fruits sont des capsules. La partie utilisée est le bulbe.

Principaux composants : le bulbe contient beaucoup de fructosanes et une essence contenant de l'allicine produisant du disulfure d'allypropyle.

Propriétés thérapeutiques : essentiellement diurétique mais aussi hypoglycémiant, antifongique, bactériostatique.

Indications : l'oignon est très recommandé en cas d'athérosclérose car il semblerait que l'addition d'huile essentielle ou de jus d'oignon au beurre empêcherait la montée du cholestérol. De même, il est conseillé en cas de diabète et d'hypercholestérolémie.

Consommation : l'oignon se marie très bien avec de nombreux plats, sinon, il peut se prendre sous forme de gélules d'huile essentielle gastro-résistantes mais aussi en gélules de poudre d'oignon ou en teinture mère d'oignon.

En voie externe, des cataplasmes à base d'oignons traitent les brûlures et les engelures.

OLIVE

Nom latin : *olea europea*

Origine : l'olivier est un arbre ou un arbrisseau vivace de la famille des oléacées. Ses fleurs sont petites et blanches, ses fruits des drupes ellipsoïdes vertes pouvant devenir noires.

Il pousse essentiellement sur des sols secs et rocailleux. Il est même un symbole de paix et de fécondité (notamment depuis la Grèce antique et l'empire romain) et a toujours joué un rôle déterminant dans le monde méditerranéen.

On en a retrouvé des branches dans les tombeaux égyptiens (présence attestée dès 1.300 avant J.-C.).

Il a été introduit en Provence vers 600 avant J.-C.

Les parties utilisées sont principalement les feuilles et les fruits. Ses feuilles ont ainsi longtemps été employées comme remède contre la fièvre.

Principaux composants : l'huile d'olive contient environ 70 % d'oléine. Entrent aussi dans sa composition : un glucoside appelé oleuropéine, des phytostérols dans une proportion de 1,5 %, des acides gras monoinsaturés, une petite quantité de vitamine A ainsi que des séricoïdes et des triterpènes.

Propriétés thérapeutiques : l'olive est cholérétique, diurétique, fébrifuge, hypoglycémiante, laxative.

Indications : l'huile d'olive est conseillée pour les problèmes d'hypertension artérielle, de diabète, d'urémie, de surcharge pondérale, et en cas de maladies coronariennes et cardio-vasculaires.

Les feuilles sont recommandées en cas de bourdonnements d'oreille, de migraines et de vertiges. L'olive a aussi une action bénéfique sur le mauvais cholestérol (LDL).

Consommation : l'huile de l'olivier est utilisée depuis des temps immémoriaux et sans doute une des plus employées dans notre pays et autour de la Méditerranée. Elle a une odeur et une couleur verdâtre caractéristiques la distinguant entre toutes.

Comme toutes les huiles, l'huile d'olive (il faut environ 5 kilos d'olives pour obtenir 1 litre d'huile) doit être achetée avec la mention " première pression à froid " qui garantit la présence des nutriments essentiels, qui y sont contenus, dans le produit final arrivant sur votre table.

En plus de sa forme d'huile de table, on peut aussi trouver des gélules, des tisanes et des extraits fluides dans les pharmacies ou les magasins spécialisés.

A prendre à raison de 2 à 5 gr par jour. Il est aussi possible d'avaler quotidiennement l'équivalent d'une cuillérée à soupe d'huile d'olive.

ORANGE

Nom latin : *Citrus aurantium*

Origine : la variété que l'on consomme habituellement est aussi appelée orange amère par opposition à l'orange douce que l'on utilise uniquement pour ses pétales odorants. Les parties utilisées sont les boutons floraux, le péricarpe (l'écorce, les feuilles).

Principaux composants : dérivés terpéniques, flavonoïdes, vitamine C.

Propriétés thérapeutiques et indications : les boutons et les feuilles de l'oranger ont un effet sédatif et légèrement antispasmodique. Les feuilles ont des propriétés digestives et le zeste est un excellent tonique apéritif. Les différentes parties de l'oranger et de l'orange sont bonnes pour les insomnies (les boutons), contre les palpitations, les migraines et la nervosité (les boutons et les feuilles). Le zeste lui stimule l'appétit.

Consommation : on peut manger évidemment des oranges mais aussi trouver des produits à base d'oranger sous forme de vins apéritifs, de gélules, de comprimés et de tisanes dans les pharmacies ou les magasins spécialisés.

A prendre à raison de 2 à 5 gr par jour.

L'eau de fleur d'oranger apaise la nervosité et aide à une meilleure digestion.

ORTHOSIPHON

Nom latin : *Orthosiphon stamineus*

Origine : on trouve l'orthosiphon dans tout le sud-est asiatique et en Australie. Originaire de Malaisie, cette labiée est cultivée dans les régions sub-tropicales humides. Il était utilisé traditionnellement dans la médecine indienne (l'ayurveda) comme remède contre les affections rénales.

Principaux composants : oléorésine, orthosiphonine, saponine, sel de potassium, sucre, tanin.

Propriétés thérapeutiques : diurétique, drainant.

Indications : de par sa fonction drainante, il est recommandé contre les calculs biliaires et urinaires mais aussi, de par ses vertus diurétiques, dans le cadre de régimes amincissants.

Consommation : l'orthosiphon se consomme en cures renouvelables sous forme d'ampoules.

ORTIE (DIOÏQUE)

Nom latin : *Urtica dioica*

Origine : l'ortie est originaire d'Europe, d'Asie et d'Afrique où elle pousse à l'état sauvage. C'est une plante résistante de la famille des urticacées. Son fruit est un akène. La partie utilisée est la feuille.

Dès l'Antiquité, les guérisseurs l'utilisaient pour soulager les lumbagos et les rhumatismes et pour favoriser les sécrétions biliaires, hépatiques, intestinales et pancréatiques. Puis au cours des siècles, on a préconisé son emploi contre la jaunisse, les hémorragies.

Il y a un siècle, dans les campagnes, on se roulait encore dans les champs d'ortie pour retrouver une virilité perdue ou soulager les crises de rhumatismes.

Principaux composants : vitamines B2, B5, C, E, K, acétylcholine, acides aminés, acides acétique et formique, histamine, cuivre, calcium, magnésium, potassium, sodium, soufre, phosphore, fer, silice, zinc, manganèse, nickel.

Propriétés thérapeutiques : d'une manière générale, de par sa richesse en nombreux composants chimiques, l'ortie aide à lutter contre la fatigue. C'est un excellent tonique général et un stimulant des fonctions organiques.

Son fort potentiel en vitamines en fait un remède recommandé contre les ongles cassants et en cas de chute des cheveux.

Sa richesse en zinc fait qu'on l'emploie dans le traitement

de l'acné. Son action reminéralisante lui confère une influence bénéfique sur les cartilages fragilisés des personnes souffrant d'arthrose. C'est un bon draineur cutané.

L'ortie est aussi diurétique et cholagogue, antirhumatismale et antigoutteuse.

Indications : allaitement, anémie, diarrhées, fatigue, goutte, hémorragie, incontinence, rhumatisme, voies urinaires, prostate, stimulant de toutes les fonctions organiques notamment hépatiques et rénales, drainage de la peau.

Consommation : il est possible de préparer des soupes d'ortie à condition de faire bouillir longuement les orties que vous aurez cueillies dans les champs afin de leur ôter leur pouvoir urticant. On peut aussi consommer la plante jeune en salades.

Sinon, vous pouvez consommer l'ortie en solution hydroalcoolique à prendre sous forme de gouttes ou d'ampoules à ingérer en cures à renouveler.

PAPAYE

Nom latin : *Carica papaya*

Origine : on utilise principalement le suc, les feuilles et les fruits du papayer.

Principaux composants : le principe actif de la papaye est appelé papaïne (se trouvant aussi dans les feuilles et l'écorce) qui est extraite des fruits avant leur maturité.

Propriétés thérapeutiques : c'est un excellent digestif grâce à son action protéolytique. Les papayes ainsi que les feuilles et les graines contiennent de la carpaïne, un alcaloïde qui a une action apaisante sur le cœur.

Indications : le papayer et ses produits sont conseillés en cas d'amaigrissement, de mauvaise digestion, de ballonnements, de dyspepsie et de troubles du rythme cardiaque.

Consommation : en plus de la consommation de la papaye nature, on peut ingérer les produits du papayer sous forme de gélules ou d'extrait sec mais aussi en soluté digestif avant les repas.

PASSIFLORE

Nom latin *: passiflora incarnata*

Origine : cette plante grimpante à grandes fleurs blanches et à fruits jaunes est originaire d'Amérique du Sud, notamment du Brésil et du Pérou. Elle s'est étendue progressivement au Mexique et aux Etats-Unis.

Elle fut importée en Europe au XVIIe siècle. Avant l'arrivée des Portugais, le suc de la passiflore servait aux shamans brésiliens à soigner les troubles oculaires et cardiaques. Certaines tribus indiennes d'Amérique du Nord l'utilisaient comme tranquillisant naturel. Au XVe siècle, les missionnaires jésuites lui donnèrent le nom de fleur de la passion à cause de l'analogie entre la forme de sa fleur et la croix.

Principaux composants : acides aminés, alcaloïdes, acides-phénols, flavonoïdes, ombelliférone, oses, phytostérols, scopolétol, gynocardine, maltol.

Propriétés thérapeutiques : la passiflore est surtout utilisée pour ses vertus anticonvulsives et sédatives. Son action sur le système nerveux aide en particulier à calmer l'anxiété. Elle est également efficace en cas d'éréthisme cardiaque, notamment de palpitations.

Indications : anxiété, dépression nerveuse, migraines, spasmophilie, surmenage, sommeil, tractus digestif.

Consommation : la passiflore se consomme sous forme de dilution hydro-alcoolique par la prise de gouttes ou en gélules.

PENSÉE SAUVAGE

Nom latin : *Viola tricolor*

Origine : poussant principalement en Europe, au Moyen Orient et en Sibérie, la pensée sauvage était employée par les Athéniens comme remède contre la colère. Dès le Moyen Âge, on l'a utilisée contre l'acné, les eczémas, les croûtes de lait et les dartres.

Principaux composants : anthocyanoside, flavoniques, glucosides, mucilages, saponines.

Propriétés thérapeutiques : les principales vertus de la pensée sauvage sont antiseptiques, expectorantes et diurétiques.

Indications : coliques spasmodiques, démangeaisons, dermatoses, ulcères variqueux, spasmes, affection des voies respiratoires (toux).

En usage externe, elle est employée en cas d'affections buccales chez les adultes et de dermatoses et d'eczémas infantiles.

Consommation : infusions.

PERSIL

Nom latin : *Petroselinum sativum*

Origine : cette petite plante herbacée de la famille des ombellifères possède des feuilles luisantes, des fleurs jaune verdâtre et des fruits glabres et piriformes.

Principal composant : son huile essentielle contient un éther de phénol : le lapiol.

Propriétés thérapeutiques : diurétique, draineur, emménagogue.

Indications : principalement drainage du foie et des reins.

Consommation : le persil peut être ajouté tel quel aux plats ou sous forme de soluté buvable en association avec d'autres plantes : ache, artichaut, asperge, fenouil...

PETIT-LAIT

Origine : aussi appelé lactosérum, cet aliment est obtenu par un procédé inspiré de la fabrication du fromage.

Pour l'obtenir, on enlève du lait ses lipides et sa caséine (sa principale protéine). La suppression des corps gras fait du lactosérum un aliment à haute valeur nutritive et de très faible apport calorique.

Principaux composants : lactose (principal constituant du petit-lait), acides aminés essentiels, sels minéraux (en particulier : calcium, magnésium, potassium, phosphore), nombreuses vitamines dont la vitamine B2.

Propriétés thérapeutiques : les principales propriétés de cet aliment très énergétique et grand reminéralisant lui viennent de sa richesse en lactose (lire le point **Précaution** ci-dessous) appelé aussi sucre de lait qui a des effets très bénéfiques sur tout le système digestif, en particulier sur la régénération et l'assainissement de la flore bactérienne intestinale.

Le lactose est aussi très efficace notamment en cas de constipation chronique ou occasionnelle et de gaz intestinaux ou flatulences. De même, il facilite le transit intestinal.

Le lactosérum permet en outre la stimulation de l'immunité et la synthèse du glutathion (substance antioxydante combattant les radicaux libres).

C'est un diurétique (à cause de la présence de potassium). Il assure le renforcement du métabolisme énergétique (à cause de la présence de phosphore), le bon fonctionnement des systèmes cardio-vasculaire et nerveux (à cause de la présence du calcium et du magnésium), le maintien de la solidité osseuse (à cause de la présence du calcium, de phosphore et de magnésium).

Il contribue à la maintenance et à la restauration du pH corporel. Cette dernière fonction est essentielle car l'acidose chronique (acidité excessive et permanente des tissus) favorise l'apparition et le développement de nombreux troubles et de maladies. Ainsi des symptômes comme la constipation, la fatigue chronique, l'hyperacidité gastrique, des migraines ou des cervicalgies manifestent souvent un encrassement de l'organisme par les acides.

La vitamine B2, de son côté, a une action importante sur la transformation des glucides, des protides et des lipides en énergie, sur le bon état des cheveux et des ongles ainsi que sur la prévention de nombreux troubles cutanés et visuels.

Enfin la présence d'acide lactique aide à l'assimilation des minéraux présents dans le petit-lait.

Indications : en complément lors de régimes amaigrissants et/ou dépuratifs.

Consommation : on peut le consommer tel quel sous sa forme de liquide blanchâtre ou sous celle de bonbons sans sucre et à base d'édulcorants naturels ou de granulés instantanés.

Précaution : à éviter en cas d'intolérance au lactose.

PISSENLIT

Nom latin : *Taraxacum officinale*

Origine : avant de le manger par la racine (expression populaire symbolisant la mort), le pissenlit peut avoir un certain nombre d'applications alimentaires.

Cette plante herbacée de la famille des Composées est commune dans tous les champs et chemins d'Europe. Elle est employée depuis fort longtemps pour ses vertus diurétiques. Dès l'Antiquité, elle était connue sous le nom d'" herba urinaria ".

On utilise principalement sa racine, ses fleurs et ses feuilles.

Principaux composants : alcools triterpéniques pentacycliques, eudesmanolides, germacranolides, lactones sesquiterpéniques, stérols et tanins. Sa racine est riche en fructose et en inuline. Elle contient aussi un principe amer : la lactucopicrine.

Propriétés thérapeutiques : apéritif, cholérétique, diurétique, dépuratif, laxatif, tonique.

Indications : le pissenlit est recommandé en cas de problème d'obésité ou de manque d'appétit. Il facilite le drainage des émonctoires et le processus d'élimination des toxines. C'est un bon draineur principalement de la vésicule, des reins et du foie. Il régule la bile et stimule les fonctions hépatiques. La racine favorise l'élimination rénale et la digestion.

Consommation : on peut consommer les pissenlits en salade. Mais ce sont surtout ses racines qui sont actives. On les trouve sous forme de tisanes, d'ampoules, de gélules ou de comprimés dans les pharmacies ou les magasins spécialisés. A prendre à raison de 2 à 5 gr par jour.

POIS

Nom latin : *Pisum sativum*

Origine : plante légumineuse de la famille des papilionacées.

Les fruits de cette plante originaire d'Asie sont des gousses allongées jaunes ou vertes, lisses ou rugueuses qui contiennent des graines en forme de sphères : les petits pois.

Principaux composants : les pois issus des variétés protéagineuses donnent des grains lisses pauvres en amidon et riches en protéines.

Consommation : les pois sont consommés frais, séchés (les pois cassés) ou en conserve à cause de leur haute valeur nutritive.

POISSON (HUILE DE)

On ne vantera jamais assez les bienfaits de la consommation du poisson dans une société qui abuse d'une façon injustifiée (d'un point de vue diététique) d'une alimentation à base de viande.

Nous mangeons en général trop souvent de la viande et pas assez de poisson. Il n'est pas question ici de condamner systématiquement la consommation de viande car celle-ci apporte des protéines qu'on ne trouve pas dans d'autres aliments mais de la remettre à sa juste place.

Nos ancêtres, il y a de cela à peine une petite centaine d'années, ne consommaient pas autant de viande que nous. Cela ne les empêchait pas d'être résistants. Si leur taux de mortalité était plus élevé qu'actuellement cela était dû plus à l'état de la médecine de l'époque qu'à leur alimentation qui était, sans aucun doute, plus saine que la nôtre.

S'il est bon de manger de la viande - deux à trois fois par semaine constituant une bonne moyenne dans une alimentation équilibrée - il est sain de la remplacer au cours des autres repas par du poisson. Celui-ci peut être consommé sans modération, sans oublier **les fruits de mer**, qui ont aussi de nombreuses qualités thérapeutiques.

Principaux composants : contrairement à de nombreuses viandes, les poissons contiennent des " bonnes graisses ". L'huile de poisson, notamment, possède de grandes vertus thérapeutiques.

Les poissons gras et mi-gras (saumon, maquereau, hareng, thon....) sont riches en DHA et en EPA qu'ils sont d'ailleurs les seuls à contenir. Ces deux acides gras polyinsaturés oméga-3 à longue chaîne sont synthétisés à partir de l'acide alpha-linolénique par notre organisme.

Cependant, ce dernier acide n'est pas fabriqué naturellement par notre corps et ne peut être tiré que d'une alimentation riche en poisson et en huiles végétales (de soja, de pépins de cassis, de lin), d'où l'importance, à un double titre, de consommer régulièrement du poisson.

Parmi les meilleures sources d'huile de poisson, on trouve les huiles de foie de morue et de flétan riches en vitamine A (recommandée pour la peau, les muqueuses et les yeux) et en vitamine D (indispensable à la construction et au renforcement des dents et des os, car fixant le calcium).

Indications : les acides gras polyinsaturés oméga-3 sont indispensables pour conserver ou retrouver un état de bonne santé et protéger le corps contre les agressions extérieures. De même les huiles de chair de poisson ont une action anti-inflammatoire sur les articulations et de protection des artères.

Consommation : outre par la consommation sans modération de poissons frais, on trouve principalement les acides gras polyinsaturés dans l'huile de poisson que l'on peut se procurer dans les magasins spécialisés et les pharmacies sous forme de capsules.

PRÊLE

Nom latin : *Equisetum arvense*

Origine : on trouve cette plante de la famille des équisétacées principalement sur les sols humides et sablonneux. Déjà les Romains consommaient les jeunes pousses à cause de leurs propriétés toniques. On utilise principalement les tiges stériles avec les feuilles.

Principaux composants : c'est une plante très riche en minéraux dont un fort pourcentage de silice organique qui a une influence importante sur les articulations. Elle contient aussi des alcaloïdes, des hétérosides, des saponosides dont l'équisétonoside qui lui confère ses propriétés diurétiques et des stérols.

Propriétés thérapeutiques : antidégénératif, antianémique, cicatrisant, diurétique, hémostatique, régulateur hormonal, reminéralisant.

Indications : albuminurie, déminéralisation (os, ligaments, cartilages, peau, cheveux, ongles), arthrose, hémorragie, mauvaise élimination urinaire, rétention d'eau, rhumatismes, fractures osseuses, règles insuffisantes. Elle est utilisée en complément alimentaire chez les cancéreux.

En usage externe, elle est recommandée en cas de plaies et de panaris.

Consommation : les jeunes pousses, riches en vitamine C, peuvent se consommer en salade. On peut aussi en prendre sous forme de gélules, de comprimés, de solutés ou de tisanes achetés en pharmacie ou dans les magasins spécialisés.

QUINQUINA

Nom latin : *Quinquina*

Origine : on utilise surtout l'écorce du tronc et des branches.

Cette plante fut introduite en Europe par les Espagnols au début du XVIIe siècle.

Elle est à la base de la fabrication de la quinine, médicament qui allait contribuer considérablement à la guérison du paludisme au XIXe siècle.

Propriétés thérapeutiques : anti-infectieux, antipaludéen, apéritif, fébrifuge, tonique.

Indications : principalement efficace en cas d'anémie, de fatigue, de fièvre et de grippe. Il est aussi recommandé pour les convalescents.

Consommation : si on peut trouver le quinquina sous forme de gélules, de comprimés, de tisanes ou de solutions (2 à 4 gr par jour), c'est sous sa forme de vin qu'il est le plus apprécié et le plus agréable à ingérer car très amer de nature.

RADIS NOIR

Nom latin : *Rafanus sativus*

Origine : aussi appelé raifort, il serait pour certains originaire de Chine. Pour d'autres d'Europe de l'Est ou de l'est méditerranéen.

C'est une plante herbacée de la famille des crucifères aux fleurs blanches ou rosées, aux feuilles supérieures lancéolées et inférieures lyrées.

La racine noire est la partie la plus utilisée.

Le radis noir était consommé dès l'Antiquité pour ses vertus expectorantes. Au Moyen Âge, on le recommandait comme antiscorbutique. Depuis le XVIIe siècle, on sait qu'il facilite le flux biliaire. Il était utilisé autrefois sous forme de sirop comme remède contre la toux.

Principaux composants : glucobrassicine, raphanol, vitamine B, calcium.

Propriétés thérapeutiques : antiseptique, anti-allergique, cholagogue, cholécystokinétique, diurétique, dépuratif, détoxicant, expectorant, tonique respiratoire. Il favorise l'élimination des déchets. Il empêche la formation des cristaux d'acide urique et des calculs biliaires et rénaux. Il fluidifie les mucosités en cas de catarrhes.

Indications : excès alimentaires, troubles hépatiques, digestions difficiles, vésicule paresseuse, aérophagie, flatulences, toux, coqueluche, artériosclérose, furonculose, asthme, tuberculose, scorbut, bronchite, goutte, rhumatismes, arthrite.

Consommation : il se consomme nature, cuit ou râpé. Vu son âcreté, il est conseillé de le faire dégorger dans du sel.

En plus de sa consommation nature, on peut prendre le radis noir sous forme de poudre en gélules ou d'ampoules, seul ou associé à d'autres plantes : artichaut, romarin, fume-terre.

RAISIN

Nom latin : *Uva*

Origine : le fruit de la vigne possède d'authentiques vertus thérapeutiques. Il est cultivé en Europe occidentale depuis des siècles. Bien qu'originaire d'Asie Mineure, les Grecs puis les Romains contribuèrent considérablement à son extension lors de leurs conquêtes.

La vigne est une plante ligneuse qu'on ne présente plus dont les rameaux peuvent atteindre jusqu'à 30 mètres de longueur ! Le fruit est cette petite baie si fameuse : le raisin.

On utilise surtout les feuilles rouges, le fruit et les pépins de raisin.

Principaux constituants : principalement des sucres assimilables donc énergétiques (90 calories/100 ml !). Les feuilles sont riches en tanins et colorées en rouge à cause de la présence d'anthocyanes. Les pépins de raisin contiennent un procyanidol. Le jus de raisin contient de nombreux acides organiques.

Propriétés thérapeutiques : le jus de raisin est diurétique, laxatif et alcalinisant. Le vin est un protecteur vasculaire (à doses modérées) et un hypocholestérolémiant. L'huile de pépins de raisin est très riche en acides gras insaturés. La feuille est un remède contre les jambes lourdes et le retour d'âge chez les femmes. Le raisin est aussi un astringent et un tonique veineux. La vigne rouge contribue à la solidité des capillaires.

Indications : troubles de la circulation (varicosités, varices, jambes lourdes), couperose, hémorroïdes, troubles de la ménopause.

Consommation : outre sa consommation sous forme de vin, de jus de raisin, du fruit nature et de l'huile de pépins de raisins, notamment en cas d'hyperlipidémie, il est aussi possible de le consommer sous forme de gélules, de boissons, de tisanes ou de comprimés vendus en pharmacie et dans les magasins spécialisés.

Dose recommandée : équivalent de 2 à 10 gr de feuilles par jour.

REINE DES PRÉS

Nom latin : *Filipendula ulmaria*

Origine : cette plante de la famille des rosacées est commune le long des haies, dans les champs et près des cours d'eau d'Europe. Déjà connues dès l'Antiquité, ses vertus diurétiques et rhumatismales ont été redécouvertes au XIXe siècle.

Principaux composants : acide salicylique, hétérosides, flavonoïdes, tanins.

Propriétés thérapeutiques : diurétique, anti-inflammatoire, antalgique.

Indications : arthrose, cellulite, oedèmes, régimes amincissants, rhumatismes.

Consommation : en cures sous forme d'ampoules ou en infusions.

RÉGLISSE

Nom latin : *Glycyrrhiza glabra*

Origine : cette racine trop souvent considérée comme une simple friandise pour les enfants possède d'authentiques vertus thérapeutiques. Elle provient d'une plante herbacée de la famille des légumineuses (papilionacées). On utilise principalement les racines et les rhizomes qui sont des parties souterraines très développées.

Déjà employée dans l'Egypte antique, on a découvert dans les années 1950 son efficacité dans les cas d'ulcère d'estomac.

Principaux composants : nombreux alcaloïdes dont principalement la glycyrrhizine et des flavonoïdes dont l'isoliquiritoside et le liquiritoside.

Propriétés thérapeutiques : antihistaminique, anti-inflammatoire, antispasmodique bronchique et digestif, antitussif, oestrogénique et tonique.

Indications : la réglisse est efficace en cas de bronchites, de constipation, de gastrite, de toux, de trachéite, d'ulcère gastroduodénal, de spasmes intestinaux et de troubles de la ménopause.

Consommation : en plus de sa racine que l'on peut mâcher sans l'avaler, on trouve la réglisse sous forme de tisanes, de granulés, de pastilles, de comprimés vendus en magasins spécialisés ou en pharmacie.

A consommer à raison de 2 à 10 gr par jour.

Précaution : bien respecter les doses prescrites sous peine d'hypertension artérielle.

RHUBARBE

Nom latin *: Rheum sp. Polygonaceae*

Origine : originaire d'Asie centrale et connue en en Chine depuis des millénaires, la rhubarbe, aussi appelée rhubarbe des capucines, est cultivée en Europe et en France en particulier depuis quelques siècles pour ses vertus alimentaires.

Principaux composants : grand nombre de phénols, des dérivés flavaniques, des acylglucoses, des galloylglucoses, des phénylbutatones, des tanins.

Propriétés thérapeutiques : amélioration du fonctionnement rénal, diminution de la créatininémie (la créatinine est produit par le catabolisme musculaire. Son taux sanguin, ou créatininémie, normalement fixe, permet d'apprécier la fonction rénale mais aussi de la présence d'urémie (élévation du taux d'urée au-delà des normes médicales).

Les tanins de la rhubarbe sont des inhibiteurs enzymatiques de l'angiotensine, protéine jouant un rôle dans la régulation de la pression artérielle. La rhubarbe est aussi apéritive, laxative, antidiarrhéique, tonifiante.

Indications : régulation du système rénal et de l'urémie.

En usage externe, traitement local des infections et des inflammations de la cavité buccale (gingivites, maladies parodontales causées par la plaque dentaire).

Consommation : consommez la rhubarbe nature dans des tartes ou des compotes mais toujours associée à un autre fruit pour adoucir son goût assez acide.

ROMARIN

Nom latin : *Rosmarinus officinalis*

Origine : le romarin provient principalement de la région méditerranéenne. Aussi appelé " herbe aux couronnes " ou " herbe des troubadours ", le romarin est un petit arbrisseau rameux très aromatique de couleur verte aux feuilles bleu pâle et dont les fruits sont des akènes bruns. On utilise principalement les sommités fleuries.

D'après une légende du XIVe siècle, une reine de Hongrie guérit de ses rhumatismes et trouva une seconde jeunesse grâce à une cure de romarin.

Principaux composants : principalement des acides phénols dont l'acide rosmarinique, des flavonoïdes, du bornéol, du camphre, du cinéol, de l'huile essentielle, de la pinède, de la résine, de la saponine.

Propriétés thérapeutiques : cette labiée tire ses multiples propriétés soit de ses principes actifs soit de son huile. Les premiers en font un excellent antioxydant et un stimulant hépatique. La seconde possède des propriétés antiseptiques et toniques.

Le romarin est aussi antispasmodique, antioxydant, cholagogue, diurétique, stimulant.

Indications : le romarin est efficace en cas d'asthme, de bronchite chronique, de ballonnements, de convalescence, de digestion difficile ou lente, de douleurs abdominales, de fatigue, de grippe, de sénescence, de migraines, de troubles hépatiques, de problème de mémoire, de surmenage physique et intellectuel, de rhumatismes.

Consommation : en plus de son utilisation comme condiment dans la cuisine, on peut absorber du romarin sous forme de tisanes, de gélules ou de comprimés vendus en pharmacie et dans les magasins spécialisés.

En prendre à raison de 2 à 5 gr par jour.

SARRIETTE

Nom latin : *Satureia hortensis*

Origine : cultivée principalement dans la région méditerranéenne, on utilise surtout les sommités fleuries de cette labiée connue depuis des siècles pour ses vertus aphrodisiaques et stimulantes du corps et de l'esprit.

Propriétés thérapeutiques : antiseptique, antispasmodique, carminative, stimulante.

Indications : la sarriette est efficace contre les angines, les bronchites, les diarrhées, la frigidité et l'impuissance.

Consommation : en plus de son utilisation comme condiment qui permet d'aseptiser les viandes et de faciliter la digestion des féculents, on peut consommer la sarriette sous forme de tisanes, de gélules et de comprimés vendus dans les magasins de diététique et les pharmacies.

Dose conseillée : de 2 à 4 gr par jour.

SAUGE

Nom latin : *Salvia officinalis*

Origine : la sauge est originaire et cultivée surtout dans les régions méditerranéennes, actuellement principalement au Portugal, en Espagne, en France, en Italie, sur la côte dalmate.

C'est un sous-arbrisseau de la famille des labiées aussi appelé " thé de France " ou " thé de Grèce ". Ses feuilles sont d'un blanc verdâtre, ses feuilles sont bleu violacé et son fruit, un tétrakène, contient quatre graines.

On utilise principalement ses feuilles.

Déjà les anciens Egyptiens l'employaient comme remède contre la stérilité. Chez les Gaulois, elle était considérée efficace contre les fièvres, les douleurs rhumatismales, l'épilepsie et la toux ainsi que pour faciliter la conception et les accouchements.

Principaux composants : diterpènes, flavonoïdes, huile essentielle (cétones monoterpéniques, cinéole, camphre, thuyones), triterpènes, acide rosmarinique.

Propriétés thérapeutiques : cette labiée, outre son rôle de condiment culinaire, possède de nombreuses vertus thérapeutiques en usage interne. Elle est antiseptique, anti-inflammatoire, antispasmodique, antisudoral, apéritive, cicatrisante, cholérétique, hypoglycémiante, tonique notamment du système nerveux.

Indications : la sauge est utilisée en cas d'affections hépato-biliaires, de bouffées de chaleur, de bronchites chroniques, de digestion difficile, de ballonnements après un repas (une infusion de sauge est alors recommandée), de transpiration excessive, de frigidité et d'impuissance, de troubles de la transpiration, d'arrêt de la sécrétion lactée, de troubles neurovégétatifs, de stérilité et de règles inconstantes ou insuffisantes.

Elle remédie aussi à l'asthénie (une tasse d'infusion au petit déjeuner), aux troubles de la ménopause (grâce à ses propriétés oestrogéniques) et aux règles irrégulières. Son action hypoglycémiante s'adresse tout particulièrement aux diabétiques sous forme de vin de sauge.

Consommation : outre l'utilisation de la plante elle-même dans la cuisine, il est possible de prendre de la sauge sous forme de tisanes, de comprimés ou de gélules gastro-résistantes d'huiles essentielles vendus dans les magasins spécialisés et les pharmacies, à raison de 1 à 5 gr par jour.

En voie externe, des gargarismes de sauge sont très efficaces contre les inflammations de la cavité buccale, les maux de gorge et contre un grand nombre d'affections dermatologiques. On peut aussi l'employer en cas de chutes de cheveux et de pellicules.

Précision : la sauge peut stopper la sécrétion lactée !

SAUMON

(voir aussi à Poisson)

Origine : on tire de la chair de saumon une excellente huile aux qualités thérapeutiques. Depuis des temps très reculés, grâce à leur consommation régulière de saumon, les Esquimaux, ont un taux de cholestérol très bas et sont moins sujets à la mortalité causée par les maladies cardio-vasculaires que les autres populations.

Principaux composants : acides gras essentiels polyinsaturés de la série Oméga 3 : EPA et DHA.

Propriétés : l'huile de saumon améliore le bilan lipidique : elle contribue à la diminution du taux de cholestérol et des triglycérides. Elle protège les artères. Ce qui réduit les risques de maladies cardio-vasculaires et prévient l'athérosclérose.

Consommation : outre la consommation régulière de poisson, vous pouvez aussi prendre de l'huile de saumon sous forme de capsules végétales contenant une forte concentration d'huile.

SÉSAME

Nom latin : *Sesamum indicum*

Origine : plante de la famille des pédaliacées, originaire d'Asie tropicale où elle était cultivée il y a plus de 3000 ans. C'est une des premières plantes oléagineuses cultivées par l'homme.

En Inde le sésame est un symbole d'immortalité.

Actuellement le sésame est principalement cultivé en Chine, en Inde, au Mexique, au Nigéria et au Soudan.

Le sésame est en fait une herbe annuelle pouvant atteindre 1 mètre de hauteur. Son fruit est une capsule déhiscente (s'ouvrant spontanément quand elle est mure) formée de quatre loges dans lesquelles on trouve de nombreuses graines servant à la préparation de friandises, de mets, de condiments.

On en extrait aussi une huile utilisée notamment dans l'alimentation à cause de ses excellentes qualités nutritives.

La partie la plus utilisée est la graine.

Principaux composants : sésamol, protéines, acides gras, vitamines B, E et F, lécithine, méthionine, tryptophane, fibres. Le sésame est très riche en minéraux et oligo-éléments dont du calcium, du chrome, du fer, du magnésium, du phosphore, du sélénium, de la silice...

Propriétés thérapeutiques : reminéralisant, antioxydant, fluidifiant sanguin, émollient, laxatif, antispasmodique, tonique, diurétique, anti-infectieux, emménagogue.

Indications : stimulation du système digestif et du système nerveux, du cerveau, de la fonction sexuelle, du métabolisme des graisses, augmente la lactation des futures mamans, renforce la concentration, accélère la récupération physique, favorise la détente neuromusculaire, lutte contre le stress, la perte de mémoire, la fatigue nerveuse, la digestion difficile, la sécrétion lactée insuffisante, la peau sèche, les difficultés de concentration, la sénilité.

Consommation : le sésame se consomme cru ou cuit, seul ou en association avec des céréales.

On en fait un beurre, le tahin, conseillé pour améliorer les performances physiques. Il s'intègre bien à des sauces, des pâtés végétaux, des desserts.

La purée de sésame est très énergétique. Le gomasio est un condiment en poudre composé de sel marin et de graines de sésame grillées. On peut l'employer à la place du sel sur le riz, les pâtes, les potages. On peut le saupoudrer sur les crudités, les salades.

L'huile de sésame peut être employée dans les fritures mais jamais au-dessus de 180°C.

SOJA

Nom latin : *Soja hispida*

Origine : nom désignant plusieurs espèces de plantes de la famille des légumineuses cultivées pour leurs graines oléoprotéagineuses.

Le soja ou soya est cultivé depuis des millénaires en Asie dont il est d'ailleurs l'aliment principal avec le riz, notamment en Extrême-Orient.

Il est aussi cultivé depuis le début du XXe siècle en Amérique du Sud, aux États-Unis et en Europe depuis les années 1980. Cependant, bien que cette culture se développe, nous importons des Etats-Unis presque la totalité du soja consommé en Europe.

Le soja commun est une plante herbacée annuelle dont le fruit est une gousse contenant deux à quatre graines ovoïdes de couleur variable.

Principaux composants : le soja est très riche en protides et en acides aminés. Il contient très peu de lipides d'où son emploi car il est très pauvre en cholestérol.

Consommation : le soja se consomme nature, mais aussi :

- sous forme de lait de soja, un liquide jaunâtre obtenu après broyage et cuisson des graines qui est très riche en protides et contient moins de lipides que le lait de vache,

- et d'huile, extraite des graines, très riche en acides gras linoléniques et linoléiques.

On prépare aussi pour les diabétiques des pains de soja avec la farine fabriquée à partir des graines broyées.

Les graines de soja vert, cultivées principalement en Chine, sont à la base de nombreux plats de la cuisine chinoise sous forme de bouillies, de purées et des fameuses nouilles chinoises fabriquées à partir de l'amidon de la graine.

Les tourteaux restant de l'extraction de l'huile sont utilisés comme base de l'alimentation animale car ils sont très riches en acides aminés indispensables aux animaux, comme la lysine, et en protéines (environ 40 % de la matière sèche).

THÉ

Nom latin : *thea sinensis*

Origine : tant d'ouvrages ont été écrits sur cette plante si connue, de la famille des caméliacées, que nous nous bornerons à en exposer les propriétés thérapeutiques principales. Le thé est la boisson symbole par essence de l'Asie et en particulier de la Chine, au même titre que le vin chez nous.

Principaux composants : le thé, notamment vert, est très riche en caféine (appelée aussi théine) et en de nombreux principes actifs. Les feuilles de thé doivent subir de longues transformations avant de donner la boisson si appréciée partout dans le monde.

Propriétés thérapeutiques : antiathérosclérose, astringent, diurétique, vasodilatateur, tonique, stimulant physique et mental.

Indications : le thé est conseillé en cas de fatigue physique ou intellectuelle, de diarrhée, de surcharge pondérale ou d'hypercholestérolémie.

Consommation : si sa forme la plus populaire est la boisson ; on peut aussi prendre le thé en tisanes, en comprimés et en gélules vendus en pharmacie et en magasins spécialisés à raison de 3 à 10 gr par jour.

THYM

Nom latin : *thymus vulgaris*

Origine : on utilise principalement les feuilles et les tiges fleuries de cette labiée symbole de la Provence et du monde méditerranéen poussant du Portugal à la Grèce.

Aussi appelé frigoule ou barigoule, ce sous-arbrisseau possède des tiges ligneuses, des petites feuilles, des fleurs blanches ou roses et son fruit est un tétrakène brun.

On utilise principalement sa tige fleurie.

Déjà les anciens Egyptiens le brûlaient en offrande aux dieux.

Principaux composants : il existe de nombreuses variétés de thym, néanmoins celles qu'on trouve en France produisent majoritairement deux phénols antispasmodiques et antiseptiques : le carvacrol et le thymol. Le thym contient aussi des flavonoïdes, des triterpènes, de l'huile essentielle.

Propriétés thérapeutiques : antiseptique, antispasmodique, anthelminthique, antifongique, antiviral, bactéricide, carminatif, cholérétique, emménagogue, eupeptique, tonique, sudorifique, stimulant général.

Indications : le thym est particulièrement recommandé en cas d'infections ORL (angines, bronchites, sinusites...), de maux de ventre, de ballonnements, d'aérophagie, de fermentations, de troubles intestinaux, de problèmes de digestion, de toux, d'états fébriles, d'états d'asthénie, de fatigue, d'anxiété.

Consommation : outre son utilisation en tant que plante comme condiment culinaire, le thym peut s'ingérer sous forme de tisanes en infusion principalement, de comprimés ou de gélules à raison de 2 à 4 gr par jour.

TILLEUL

Nom latin : *Tilia platyphyllos*

Origine : cet arbre de la famille des tiliacées, pouvant atteindre 30 mètres de hauteur, appelé aussi tillet ou tillau, possède des feuilles en forme de cœur à la base et en pointe au sommet.

Ses fruits se présentent comme des petites capsules.

On utilise les bractées, les fleurs et l'écorce privée de sa partie externe appelée alors l'aubier de tilleul.

Il est familier de nos contrées occidentales depuis des temps immémoriaux, notamment dans les pays tempérés du nord de l'Europe. Il est d'ailleurs considéré comme un arbre sacré dans les traditions germaniques. Sa fleur en particulier possède de nombreuses vertus thérapeutiques.

Principaux composants : acides-phénols, essence, flavonoïdes, mucilage, saponites, tanins, proanthocyanidols, une huile essentielle contenant du farnesol.

Propriétés thérapeutiques : antispasmodique, anti-inflammatoire, cholérétique, coronaro-dilatateur, diaphorétique, fluidifiant sanguin, sédatif, sudorifique.

Indications : le tilleul agit particulièrement sur la digestion, l'insomnie, la nervosité, les refroidissements, les rhumes et les états fébriles.

Conseillé en cas d'état nerveux.

Pour les enfants agités, il est conseillé, avant le coucher, un bain à base d'une décoction de 300 gr de bractées et de fleurs séchées de tilleul pour trois litres d'eau. Faites bouillir 10 minutes, filtrer puis ajouter à l'eau du bain.

Consommation : il importe d'être particulièrement rigoureux au moment de son achat sous forme de tisanes en infusions, de gélules ou de comprimés et de bien les acheter dans les magasins spécialisés et les pharmacies car il existe de nombreuses variétés de tilleul n'ayant par les propriétés décrites ci-dessus. A prendre à raison de 2 à 4 gr par jour.

TILLEUL AUBIER

Origine : cette variété particulière de tilleul aussi appelée aubier rouge est exploitée pour son écorce (aubier).

Propriétés thérapeutiques : le tilleur aubier est antispasmodique, cholérétique, diurétique et dissolvant de l'acide urique.

Indications : il est principalement utilisé contre l'arthrite, la goutte, les calculs biliaires et rénaux, l'hypertension et l'albuminurie.

Consommation : on le trouve sous les mêmes formes que la fleur de tilleul. Dose quotidienne conseillée : 1 à 10 gr.

VALÉRIANE

Nom latin : *Valeriana officinalis*

Origine : cette plante herbacée de la famille des valérianacées possède des tiges cannelées, des fleurs odorantes blanches ou roses. Son fruit est un akène à aigrette plumeuse.

La valériane pousse dans une grande partie de l'Europe.

On utilise surtout la racine de cette plante appelée aussi Herbe aux Chats car les félidés sont très attirés par son odeur puissante.

Elle est utilisée depuis le Moyen Âge notamment à cause de son action sédative.

Principaux composants : des alcools terpéniques et des alcools sesquiterpéniques, une huile essentielle riche en isovalérate de bornyle, des valépotriates.

Propriétés thérapeutiques : antispasmodique, anticonvulsive, sédative du système nerveux central, hypnotique.

Indications : la valériane est particulièrement efficace en cas d'hyperexcitabilité, de tachycardie, de bouffées de chaleur, d'insomnie ou de convulsions.

Dans ce dernier domaine, elle est particulièrement indiquée en cas de forte fièvre infantile. Faites alors prendre un bain chaud à l'enfant en ajoutant à l'eau un infusé de valériane qui empêchera les convulsions. En cas d'insomnie, prendre une à deux gélules de valériane.

Consommation : on la trouve sous forme de tisanes, de boissons, de gélules et de comprimés en pharmacies et dans les magasins spécialisés.

Dose conseillée : 1 à 2 gr par jour.

VARECH

Nom latin : *Fucus vesiculosus*

Origine : on emploie le thalle de cette grande algue commune sur les côtes atlantiques appelée aussi goémon ou fucus vésiculeux. Le varech a été longtemps utilisé comme aliment (très riche en minéraux) dans les régions littorales. Il était déjà connu pour ses vertus antirhumatismales avant que l'on découvre ses propriétés médicales au XIXe siècle.

Propriétés thérapeutiques : coupe-faim mucilagineux, absorbant des graisses, laxatif doux, stimulant thyroïdien et général. Il est aussi très employé en thalassothérapie.

Indications : le varech est recommandé en cas de surcharge pondérale, de problèmes de poids, de constipation et de cellulite.

Consommation : on trouve de plus en plus d'algues séchées dans les boutiques spécialisées ou des préparations à base d'algue pour desserts, entremets... Sinon, il est aussi possible de les ingérer sous forme de gélules, de tisanes ou de comprimés, à raison de 2 à 10 gr par jour.

VERVEINE

Nom latin : *Lippia citriodoa, Verbena triphylla*

Origine : la verveine dont nous parlons ici est la verveine odorante originaire d'Amérique et non la verveine officinale d'Europe.

Principal constituant : ses feuilles contiennent une essence riche en citral.

Propriétés thérapeutiques : antispasmodique, antiseptique, excitant gastrique, stomachique.

Indications : la verveine est très efficace en cas de nausées, d'indigestion, de palpitation et de migraines.

Consommation : si son mode d'ingestion le plus courant est l'infusion, on peut aussi consommer la verveine en comprimés ou en gélules vendus en pharmacie ou dans les magasins spécialisés.

Dose quotidienne recommandée : 2 à 5 gr.

CHAPITRE V

Les produits de la ruche

S'il est un insecte particulièrement bénéfique pour l'homme, c'est bien l'abeille. La ruche fournit quatre produits principaux : le miel, la propolis, la gelée royale et le pollen qui pourraient quasiment suffire à assurer notre supplémentation quotidienne en nutriments essentiels tant ils en sont riches.

Même le venin de l'abeille, tant redouté des hommes, peut s'avérer un atout thérapeutique redoutable car des recherches scientifiques ont démontré qu'il peut jouer un rôle important dans la prévention des maladies tissulaires dont le traitement des affections rhumatismales chroniques.

LE MIEL

A tout seigneur tout honneur, le miel possède de nombreuses vertus diététiques et thérapeutiques.

C'est un aliment riche en sucres simples et rapides, donc directement assimilables par l'organisme pour retrouver tonus et vitalité.

Son pouvoir sucrant est plus important que celui du sucre blanc ou roux pour un apport calorique moindre, toutes proportions égales. Ceci vient de sa composition comprenant du glucose et du fructose contrairement aux sucres de canne ou de betterave composés eux de saccharose, produit presque deux fois plus hypercalorique.

Le miel est ainsi plus adapté que le sucre blanc pour sucrer les plats. De plus, il favorise moins l'apparition de caries que le saccharose.

Propriétés thérapeutiques :

Le glucose et le saccharose ont une action stimulante sur le cœur, le stress et la fatigue. Le miel a une action salutaire sur le système immunitaire et permet, par l'apport de nombreux micro-nutriments, de résorber un certain nombre de carences parfois indécelables par le commun des mortels mais pouvant aboutir à plus ou moins long terme à la déclaration d'un grand nombre de maladies.

Ses multiples enzymes favorisent l'assimilation des éléments en général, ce qui améliore le transit intestinal et une bonne digestion.

Enfin, le miel joue un rôle essentiel dans la calcification du squelette, notamment par son assimilation du calcium et sa rétention du magnésium. D'où l'importance de l'inclure rapidement à la place du sucre blanc dans l'alimentation des enfants pour renforcer leur croissance et leur développement osseux et dentaire.

Propriétés thérapeutiques du miel en général

Antianémique, antiseptique, apéritif, béchique (qui calme la toux), digestive, diurétique, dynamogénique (qui augmente la force et l'énergie), émolliente, fébrifuge, laxative, sédative....

Propriétés particulières à certains miels

• Miel d'acacia : régulateur de l'intestin, combat la paresse intestinale.

• Miel d'aubépine : antispasmodique et sédatif, efficace en cas de troubles nerveux, d'insomnies.

• Miel de bruyère : antiseptique, antianémique, diurétique, reminéralisant, combat les états de fatigue, les asthénies et la sénescence.

• Miel de châtaignier : antianémique, reminéralisant, efficace en cas de maladies circulatoires, de fatigue et de sénescence.

• Miel d'eucalyptus : antiseptique des voies respiratoires et urinaires, combat les affections respiratoires et urinaires.

• Miel de lavande : antiseptique et anti-inflammatoire des voies respiratoires, antispasmodique, combat les affections respiratoires et rhumatismales.

• Miel de romarin : cholagogue et cholérétique, efficace en cas de problèmes digestifs en général.

• Miel de sapin : antianémique, antiseptique, anti-inflammatoire des voies respiratoires, diurétique. Il est indiqué en cas d'anémies, d'affections respiratoires et urinaires, de déminéralisation, d'asthénies.

• Miel de thym : antiseptique, conseillé contre toutes les maladies respiratoires, digestives, urinaires.

• Miel de tilleul : antispasmodique et sédatif, contre les troubles nerveux, les insomnies, les palpitations.

LA GELÉE ROYALE

Cette substance blanchâtre à la consistance gélatineuse est le produit de la sécrétion du système glandulaire céphalique des abeilles ouvrières. Cette substance blanchâtre et gélatineuse est la nourriture exclusive de la reine de la ruche pendant toute sa vie qui peut durer en moyenne cinq ans alors qu'une ouvrière meurt au bout d'environ quarante-cinq jours !

Composition

Environ 60 à 70 % d'eau, des glucides (principalement glucose et fructose), des lipides sous forme d'acides gras, des protides (principalement des acides aminés dont huit indispensables à la vie mais non synthétisés naturellement par notre organisme : l'isoleucine, la leucine, la lysine, la méthionine, la phénylalanine, la thréonine, le tryptophane et la valine), des vitamines (B1, B2, B3, B5... PP, A, C, D, E...), des substances minérales et des oligo-éléments (calcium, cuivre, fer, magnésium, phosphore, potassium...), de l'acétylcholine... et même un agent antibiotique !

De par sa composition, la gelée royale est un des " aliments naturels " les plus complets aux étonnantes possibilités.

La gelée royale peut être employée seule ou en association avec d'autres compléments ou substances naturelles : miel, ginseng, huile de germe de blé... généralement en pots, en ampoules ou en capsules pour donner un supplément alimentaire très stimulant.

Sous sa forme naturelle et fraîche, elle doit être conservée au réfrigérateur. Quand elle est lyophilisée, elle est présentée sous vide, en flacons, en gélules à conserver dans un endroit sec.

Cette deuxième forme présente l'avantage de la rendre plus facile à absorber, de pouvoir conserver la gelée royale à température ambiante et de l'emporter, si nécessaire en voyage... sans perdre le moins du monde ses formidables pouvoirs naturels.

Propriétés thérapeutiques

Elle renforce les défenses de l'organisme et le système immunitaire, agit contre certaines maladies de peau et les maladies infectieuses, augmente les performances physiques, intellectuelles, dynamise la libido, stimule la croissance chez l'enfant et l'adolescent, calme l'anxiété, éradique les dépressions et les insomnies, améliore la mémoire, régule les fonctions organiques, combat la fatigue, le stress et le vieillissement ...

Application pratique

Pour que l'absorption de gelée royale fraîche soit efficace, un adulte pesant environ 80 kilos devra en prendre au minimum 300 mg mais pas plus de 600 mg par jour.

En cas de prise de gelée royale lyophilisée, donc d'un produit déshydraté plus concentré, 100 mg sera la dose minimale conseillée et 200 g la dose maximale.

Quant à la gelée royale mélangée avec d'autres produits, si l'on tient compte d'une dose de base de 300 mg de gelée royale, pour le mélange miel/gelée royale, il faudra compter une prise de 10 gr de miel pour ingérer la dose minimale de gelée royale. Donc 20 gr de miel pour une prise de 600 mg qui est la dose moyenne à prendre quotidiennement pendant une cure, surtout au moment des changements de saison.

Nous vous conseillons néanmoins de prendre un avis médical avant d'entamer une cure de gelée royale, notamment en ce qui concerne les bébés, les jeunes enfants et les personnes âgées car il faut tenir compte en particulier de leur poids.

Pour une cure, la durée minimale est de quinze à vingt jours. A renouveler plusieurs fois dans l'année suivant les indications données sur les produits utilisés. Ces cures, d'au moins trois semaines, sont préconisées au moment des changements de saison, périodes évolutives aussi bien pour la nature que pour notre organisme

Le meilleur mode d'absorption pour la gelée royale pure ou mélangée au miel est la voie sublinguale (sous la langue, comme les oligo-éléments et les remèdes homéopathiques). Ce type de prise permet un passage dans le réseau capillaire, donc dans le sang, rapide sans passer par la dégradation de la digestion.

LE POLLEN

Il ne faut pas confondre les pollens responsables de crises d'asthmes, de rhumes des foins ou d'allergies diverses, qui sont eux transportés par le vent, avec les pollens " récoltés " par les abeilles aux nombreuses propriétés thérapeutiques.

Le pollen est constitué d'innombrables corpuscules microscopiques (taille moyenne : entre 20 et 40 microns ou millièmes de millimètre) contenus dans les sacs polliniques de l'anthère des fleurs qui sont les éléments fécondants mâles de celles-ci. Les pollens diffèrent en fonction des espèces de fleur.

Les abeilles le ramassent ainsi involontairement avec leurs pattes postérieures en allant butiner les fleurs. Le pollen s'y agglomère sous forme de pelotes. Ensuite, les apiculteurs le récupèrent avec un petit appareil appelé trappe à pollen.

Composition

Le pollen contient : de l'eau (dans une proportion de 10 à 12 % pour le pollen frais et de 5 % pour le pollen asséché), des glucides (environ 30 à 35 %), des lipides (environ 5 %), des protides en majorité sous forme d'acides aminés (comme la gelée royale, il contient les huit acides aminés indispensables à la vie mais non synthétisés naturellement par notre organisme : l'isoleucine, la leucine, la lysine, la méthionine, la phénylalanine, la thréonine, le tryptophane et la valine), des vitamines (B1, B2, B3, B5… PP, A, C, D, E...), des substances minérales et des oligo-éléments (calcium, chlore, cuivre, fer, magnésium, phosphore, soufre…), des enzymes, des pigments, de la rutine (bonne pour les cheveux)... et même des agents antibiotiques !

De par sa composition, comme la gelée royale, le pollen est un des “ aliments naturels ” les plus complets aux étonnantes possibilités qui pallient les insuffisances de l'alimentation moderne, notamment en sels minéraux, vitamines et oligo-éléments.

Propriétés thérapeutiques

Désintoxicant, rééquilibrant fonctionnel, tonifiant, stimulant.

Stimulation du système neuropsychique, renforcement du corps contre les agressions physiques et psychiques, effet régulateur sur le métabolisme notamment au niveau de la croissance chez l'enfant et l'adolescent, lutte contre le vieillissement, renforcement du système digestif, accroissement du rendement intellectuel, combat contre les états de fatigue...

Le pollen a aussi une action bénéfique en cas de constipation, d'asthénie sexuelle, d'athérosclérose, d'hypertension artérielle, de dermatose, de dépression...

Il peut agir en cas de calvitie, d'ongles cassants.

Applications pratiques

Le pollen se trouve dans le commerce seul ou associé à d'autres substances.

Le pollen en pelotes naturelles est commercialisé en pots de plastique ou de verre. Le pollen en poudre se présente en vrac ou en gélules. Le pollen se trouve aussi sous forme d'extraits purifiés.

Quand il est proposé en association, le pollen est souvent mélangé à de la gelée royale, du miel, de la propolis…

Pour un adulte entre 60 et 80 kilos, il est conseillé d'en prendre environ 20 gr par jour.

Pour un enfant, à raison de 1 à 2 gr environ par kilo de poids de corps en ce qui concerne le pollen en pelotes naturelles. Pour les autres formes, se reporter aux conseils indiqués sur le mode d'emploi.

Le pollen possède un goût particulier souvent comparé à celui du foin ou de la paille. Aussi, pour les personnes ne supportant pas celui-ci, il est conseillé d'ingérer le pollen mélangé à des jus de fruit, des yaourts, du lait ou du miel. Vous pouvez le consommer à tout moment de la journée bien que le plus adapté soit le petit déjeuner.

En général, deux à trois cures d'une durée de deux à trois mois par an sont conseillées, principalement aux changement de saison.

LA PROPOLIS

La propolis est sans doute moins connue que le miel, la gelée royale ou le pollen, mais n'en est pas moins un aliment naturel aux propriétés thérapeutiques étendues.

La propolis est le nom donné à un ensemble de substances balsamiques, gommeuses et résineuses, de consistance visqueuse, recueillies par les abeilles sur certaines parties des plantes des végétaux et des arbres (notamment sur les bourgeons et les écorces des conifères).

Ces substances sont ensuite mélangées par les abeilles à certaines de leurs sécrétions, en particulier salivaires, pour former ce que nous nommons la propolis.

On peut la récolter en raclant les cadres et les parois de la ruche. Ce procédé donne cependant un produit où sont incorporés beaucoup d'impuretés. Le plus souvent, on la recueille au moyen de grilles en plastique ou en acier posées au-dessus des rayons de la ruche. Les abeilles les obturent avec la propolis qui est ensuite prélevée par les apiculteurs.

Pour l'abeille la propolis est un véritable matériau de bricolage “ à tout faire ”. Il leur sert à obstruer plus ou moins l'ouverture de la ruche en fonction des saisons et du climat, à la rendre hermétique en lui procurant une grande isolation thermique, à réparer les rayons en mauvais état ou à recouvrir les nouveaux rayons ou l'intérieur des cellules, à embaumer les insectes ayant eu l'imprudence de pénétrer dans la ruche…

La consistance de la propolis varie en fonction de la température : de molle et malléable aux environs de 30°C, elle devient dure et cassante vers 15°C. De même, sa couleur est différente en fonction de son origine.

Composition

Résines et baumes (environ 50 %), cire (environ 40%), huiles dont des huiles essentielles (environ 10 %), pollen et matière diverses (environ 10 %).

Parmi les composants identifiés, on trouve aussi des acides organiques, des aldéhydes, des phénols, des flavonoïdes, des éléments minéraux et des oligo-éléments (aluminium, argent, chrome, cobalt, cuivre, étain, fer, magnésium, manganèse, nickel, plomb, sélénium, silicium, titane, zinc...), des vitamines des groupes A et B et des composants divers.

Cette composition riche explique les extraordinaires propriétés thérapeutiques de la propolis.

Propriétés thérapeutiques

Antibiotique, anesthésique, anti-inflammatoire, anti-rhumatismale, cicatrisant, fongicide, virocide (contre les virus, en particulier grippaux).

La propolis renforce le système de défense immunitaire, combat les infections, les infections O.R.L (angines, laryngites, otites, (rhino)pharyngites, sinusites, trachéites...).

Elle protège les dents contre les gingivites, la parodontose, les infections, la bouche contre les stomatites, les aphtes, soulage les névralgies dentaires, soigne les coupures, les blessures cutanées, les engelures, les brûlures, les coups de soleil, les cors aux pieds, les verrues et certaines formes de psoriasis et d'eczéma...

Applications pratiques

Dans le commerce, on trouve la propolis sous différents conditionnements et sous des formes variées, seule ou associée à d'autres produits thérapeutiques.

La propolis naturelle seule se vend sous forme de teinture alcoolique, de pâtes en morceaux ou en fragments, de poudre, de granulés, en capsules ou en gélules, en pommades…

Sinon, elle est associée à d'autres substances : pollen argile, gelée royale…

Elle peut aussi s'acheter en extraits, seule ou combinée à des produits médicamenteux, diététiques ou cosmétologiques. Par exemple, vu son action sur les dents, on peut s'en procurer en dentifrices ou en tablettes à mâcher comme le chewing gum.

CHAPITRE VI

Les compléments alimentaires

D'après la définition officielle parue dans un décret publié au journal officiel le 12 avril 1996 : " *les compléments alimentaires sont des produits destinés à être ingérés en complément de l'alimentation courante afin de pallier l'insuffisance réelle ou supposée des apports journaliers* ".

Le terme de " complément alimentaire " recouvre en fait un grand nombre de produits : vitamines, sels minéraux et tous les aliments et plantes en contenant : algues, champignons, céréales, légumineuses... ainsi que des produits animaux : huiles de poissons et produits de la ruche... des acides aminés, des hormones et la plupart des plantes dites médicinales, à la fois riches en nutriments et contenant des composés aux propriétés thérapeutiques reconnues (antioxydants, caroténoïdes, flavonoïdes...)...

Pour être mis sur le marché, un complément alimentaire doit recevoir l'agrément d'un comité scientifique consultatif : le CSHPF (Conseil Supérieur d'Hygiène Publique de France).

Les compléments alimentaires ne sont pas reconnus comme des médicaments mais contiennent incontestablement des substances thérapeutiques pouvant participer aux soins mais aussi à la guérison d'un grand nombre d'affections et de maladies. Aussi la question se pose de savoir si un complément alimentaire est :

Un aliment ou un médicament ?

En France, les compléments alimentaires ne sont pas considérés comme des médicaments car selon la loi française un médicament est défini comme " *une substance ou une composition présentée comme possédant des propriétés curatives et préventives à l'égard des maladies humaines* " ou " *tout produit contenant une substance ayant une action thérapeutique.* "

On se rend compte à l'énoncé de ces définitions qu'elles peuvent parfaitement s'adapter aux compléments alimentaires bien qu'ils n'aient pas droit de porter des indications thérapeutiques sur leur emballage.

Il existe donc un flou dans la législation française qu'il faudra un jour un l'autre clarifier car d'autres pays comme les Etats-Unis n'ont pas hésité à sauter le pas. Ainsi depuis une loi votée en 1994, le " *Dietary Supplement Health and Education Act* ", le terme " complément alimentaire " recouvre pour l'administration américaine, les acides aminés, les plantes, les minéraux, les vitamines... et toutes substances alimentaires destinées à compléter l'alimentation habituelle.

De plus, tous ces produits peuvent indiquer sur leurs conditionnements leurs propriétés thérapeutiques sans toutefois indiquer quelles maladies ils permettent de traiter. Il doit en outre être ajouté au mode d'emploi que ces produits n'ont pas été testés par la FDA (Food and Drug Administration) pour leurs propriétés médicinales.

Précautions d'emploi

Les compléments alimentaires peuvent être pris régulièrement ou en cures suivant l'effet recherché.

Si vous voulez pallier les insuffisances de l'alimentation moderne et que vous ne pouvez pas accéder à des produits biologiques, une prise continue est recommandée.

Cependant certains compléments alimentaires ne sont conseillés que sous forme de cures renouvelables à plusieurs reprises dans l'année comme la prise de magnésium marin par exemple.

De même, si vous avez un objectif bien précis : combattre la fatigue, abaisser votre taux de cholestérol, renforcer vos os... cette seconde solution est aussi à privilégier.

Il est important de bien respecter les dosages car il peut arriver que l'on consomme des surdoses de compléments alimentaires. Il est donc conseillé de prendre des suppléments nutritionnels ayant des propriétés complémentaires et non cumulatives. C'est-à-dire des produits ne vous apportant pas tous les mêmes substances de base.

Ainsi, faites en sorte de ne pas utiliser plusieurs compléments vous apportant tous de la vitamine C ou les mêmes oligo-éléments comme le cuivre ou le magnésium, mais ingérez des suppléments alimentaires vous apportant séparément des vitamines, des sels minéraux, des oligo-éléments les plus variés possibles et non identiques.

Les contre-indications et les effets indésirables des compléments alimentaires sont très rares. Par exemple, la levure de bière est légèrement laxative. Elle peut donc provoquer des diarrhées chez les sujets sensibles. De même, le son est déconseillé aux personnes souffrant de flatulences et ayant des problèmes gastriques.

Examinons à présent les différents compléments alimentaires :

ALOE VERA

Origine

Plante originaire d'Afrique connue pour ses diverses propriétés thérapeutiques depuis l'Antiquité.

On trouve des traces de son utilisation dans le *Pen T'Sao*, le premier herbier chinois écrit datant de plus de quatre mille ans et sur des tablettes d'argile datées du IIIe millénaire avant J.-C. retrouvées à Sumer.

L'Aloe Vera était déjà utilisé par les civilisations mésopotamienne, égyptienne, indienne…

L'Aloe Vera se présente sous la forme d'une grande plante aux feuilles épaisses, charnues et hérissées de piquants.

Composants naturels

Le principe actif de l'Aloe Vera contenu dans la sève, l'aloïne, a été isolé en 1850.

Cette plante contient aussi les composants suivants :

• des acides aminés essentiels (arginine, glycine, histidine, isoleucine, leucine, lysine, méthionine, phénylalanine, proline, tyrosine, valine) ;

• des dérivés anthracéniques (barbaloïne, aloe-émodol, isobarbaloïne, aloïnosides),

• des sels minéraux (calcium, chlore, cuivre, chrome, fer, lithium, magnésium, manganèse, phosphore, potassium, sodium, zinc)…

• des oligo-éléments, des vitamines (A, B1, B2, B3, B6, B9, B12), une enzyme, de la choline…

Propriétés thérapeutiques

Antiviral, cholagogue, eupeptique, emménagogue, purgatif, stomachique tonique, vermifuge.

Indications

Laxatif recommandé en cas de constipation sans avoir les effets secondaires des laxatifs chimiques qui provoquent souvent des crampes d'estomac. Il est en général associé à d'autres plantes laxatives.

Il favorise la digestion, l'évacuation de la bile. Il soulage l'arthrose, les ulcères, les maladies gastro-intestinales, l'herpès et aurait des propriétés anticancéreuses.

Qualités nutritives

L'Aloe Vera est pourvu de qualités nutritives exceptionnelles car il contient des acides aminés essentiels, des oligoéléments, des minéraux et des vitamines.

Ces éléments participent au renforcement des défenses de l'organisme contre toutes les agressions et à son équilibre général.

L'Aloe Vera a aussi des applications en cosmétologie et en dermatologie : traitement des brûlures, blessures, dermatoses...

ASHWAGANDA

Origine

Plante originaire de l'Inde à présent cultivée aux Etats-Unis, en Afrique du Sud et autour de la Méditerranée.

En sanscrit (indien), son nom signifie " *qui a l'odeur du cheval* " car cette plante donnerait la vitalité de cet animal.

En anglais on l'appelle Winter Cherry. L'Ashwagandha est aussi appelée le " ginseng indien ".

Pouvant atteindre une hauteur de 1,20 mètre, cette plante est recouverte d'un duvet gris. Ses fleurs d'une couleur vert jaunâtre sont regroupées par quatre à six. Ses feuilles sont oblongues et ses fruits sont de petites baies rouges.

En général, on utilise sa racine, parfois ses feuilles, sous forme de soluté, de décoction, d'huile ou de poudre.

Composants naturels

Alcaloïdes (withasomnine, cuscohygrine, que l'on trouve en particulier dans la coca), lactones stéroïdiens (withaférine A), stéroïdes (famille des withanolides).

Propriétés thérapeutiques

Antirhumatismal, antifongique, antitumorale, adaptogène, anti-inflammatoire, aphrodisiaque, astringent, hypotenseur, sédatif, spasmolytique, tonique.

Indications

L'Aswhaganda est une véritable plante de jouvence de par ses qualités rajeunissantes, particulièrement pour le sang, le sperme et les muscles.

C'est en quelques sorte une DHEA naturelle. Elle renforce aussi le système immunitaire.

Elle est aussi recommandée en cas de problèmes de mémoire, d'anémie, de fatigue, d'impuissance, de sclérose en plaques, d'anxiété et de troubles nerveux.

Elle renforce l'organisme d'une façon générale. Elle est particulièrement indiquée aux enfants, aux personnes âgées ou convalescentes, fatiguées nerveusement, souffrant d'insomnies, stressées ou atteintes de maladies chroniques.

CHONDROÏTINE (SULFATE DE)

Origine

La Chondroïtine, comme la glucosamine, est une substance fabriquée par l'organisme et qui se trouve dans les cartilages.

On peut aussi l'extraire de la chitine des crevettes, des crabes, des homards et des langoustes.

Propriétés thérapeutiques

Antioxydant, antirhumatismal, aphrodisiaque, vasculoprotecteur.

Indications

La Chondroïtine peut intervenir dans le traitement des allergies, des ulcères, des maladies respiratoires et des troubles cardiaques

Elle aurait une action sur la production du liquide séminal, sur les problèmes articulaires comme l'arthrose en particulier, et les artères en favorisant leur élasticité et leur résistance.

CRÉATINE

Origine

La Créatine est une substance parfaitement naturelle ; en fait c'est un acide aminé produit par l'organisme. Elle est synthétisée par le pancréas, le foie et les reins à raison d'un ou deux grammes par jour.

On en trouve aussi dans le poisson et la viande.

Elle a été découverte en 1832 par un chimiste français, Michel Chevreul, mais il faudra néanmoins attendre les années soixante-dix pour voir les chercheurs s'intéresser à ses propriétés pharmacologiques.

Sa production par l'organisme est notoirement insuffisante. De même, il faudrait consommer de grandes quantités de viande et de poisson chaque jour pour en ingérer en quantité suffisante et parvenir à égaler ce que quelques cuillers de créatine de synthèse peuvent fournir.

Par exemple, il faudrait manger cinq kilos de viande crue quotidiennement pour égaler l'apport de cinq cuillérées à thé de sa cousine synthétique !

Propriétés thérapeutiques

La Créatine de synthèse est considérée comme un complément alimentaire aux propriétés extraordinaires, néanmoins controversées (voir plus bas : effets secondaires).

Il est cependant prouvé qu'elle a un impact considérable et est particulièrement recommandée pour la prise de masse musculaire notamment chez les athlètes pratiquant la musculation ou appelés à faire des mouvements violents de courte durée (sports d'équipe, arts martiaux, haltérophilie...). Elle permet ainsi d'accélérer la prise de masse sur une courte période.

En revanche, elle n'est pas efficace pour les sports d'endurance demandant un effort prolongé.

Effets secondaires

Il convient de respecter quelques précautions quant à sa prise pour ne pas souffrir de spasmes musculaires, d'étourdissements ou de nausées. Bien respecter en particulier les doses indiquées dans les conseils d'utilisation.

Il convient de ne pas en prendre en trop grande quantité et de faire des cures espacées dans le temps.

En fait, la polémique vient de son utilisation à long terme que l'on soupçonne de provoquer des maladies dégénératives, des troubles hépatiques et rénaux, des cancers... sans preuves formelles toutefois jusqu'à présent car son utilisation est trop récente.

De même, notamment chez les sportifs de haut niveau, elle entraîne un risque d'augmentation des blessures musculaires et articulaires car l'apport d'énergie supplémentaire qu'elle fournit augmente l'intensité des contacts dans les sports d'équipe et une surcharge des appareils ou une augmentation des charges portées chez les culturistes.

Prise de Créatine

Notre propos n'est pas de conseiller ou déconseiller la prise de Créatine. A chacun de prendre ses responsabilités. Pour éviter tout effet secondaire désagréable, on recommande de prendre la Créatine avec du glucose (une boisson sucrée ou un jus de fruit par exemple) afin de favoriser la production d'insuline et de permettre à la créatine de transiter plus rapidement vers les cellules musculaires.

De même, au début du traitement, il convient de prendre des quantités moindres que celles indiquées sur le mode d'emploi, puis d'augmenter progressivement les doses jusqu'à celles conseillées si vous ne ressentez aucun effet secondaire particulier lors des prises progressives.

La Créatine est en général associée à d'autres nutriments censés en accroître les effets : protéines, vitamines, glutamine, taurine, extraits de plantes, glucose…

DHEA

Origine

La DHEA ou déhydroépiandrostérone est une hormone stéroïdienne fabriquée par les glandes surrénales dont la découverte remonte aux années 1930. Cependant, la production naturelle de la DHEA diminue avec l'âge.

Ainsi à 60 ans, sa production naturelle par le corps n'est plus que de 5 à 15 % de ce qu'elle était à 20 ans, d'où l'importance de sa synthèse chimique obtenue à partir de substances extraites du soja.

Elle est considérée comme une hormone de jeunesse au vu de ses effets sur l'organisme, la libido, la peau, les os et le ralentissement du vieillissement. (voir plus bas : Qualités thérapeutiques).

Elle est apparentée aux autres hormones stéroïdiennes (oestrogènes, testostérone et progestérone) et se comporte comme leur précurseur (élément utilisé pour produire d'autres substances) en fonction des besoins de l'organisme. Il existe des récepteurs spécifiques de la DHEA au niveau des cellules qui facilitent son assimilation par celles-ci.

Même si elle reste très controversée, de nombreuses études ont prouvé ses effets positifs sur l'organisme.

Elles ont montré notamment que :

- le renouvellement osseux, notamment chez les femmes, est amélioré,
- la libido connaît une renaissance et/ou une augmentation notable,
- le taux de DHEA naturel revient à un taux semblable à celui des débuts de l'âge adulte.

• La peau retrouve une nouvelle jeunesse avec une meilleure hydratation, une production de sébum amélioré et une pigmentation renouvelée.

Propriétés thérapeutiques

Antiarthrosique, hypolipémiant, tranquillisant.

Indications

De nombreuses études, notamment aux États-Unis, ont mis en évidence le rôle de la DHEA sur le bien être physique et psychologique. Notamment au niveau physiologique : sur la peau, la densité osseuse et au niveau psychique sur la libido, mais aussi dans la lutte contre le stress et les insomnies.

La prise de DHEA augmente la sensation de bien-être, stimule l'énergie physique et les facultés intellectuelles. Son influence sur les défenses immunitaires est maintenant reconnue.

L'état de calme et de sérénité qu'elle génère est du au fait que la DHEA stimule la synthèse d'endomorphines naturelles aux propriétés antidépressives bien connues.

La DHEA aurait aussi des effets positifs sur de nombreuses maladies et troubles : cancer, dermatoses, diabète, obésité, cholestérol, cardiopathies, tension nerveuse, douleurs articulaires...

Elle est en particulier recommandée dans les cas suivants : dysfonction érectile (elle peut résoudre des problèmes d'érection), lupus ou dermatose à extension progressive et destructive localisée principalement sur le visage, ménopause (la DHEA ralentirait les effets de l'ostéoporose chez les femmes ménopausées).

Prise de la DHEA

Si dans de nombreux pays, notamment aux États-Unis, la DHEA est en vente libre, en France, il est obligatoire de passer par un médecin pour se la faire délivrer sur ordonnance. Les petits malins la commandent néanmoins à l'étranger, notamment sur Internet.

La DHEA est répertoriée comme substance dopante par le CIO (Comité international olympique). Elle favorise en effet la production d'une hormone anabolisante augmentant la masse osseuse et musculaire.

Même dans ce cas, il est quand même conseillé de s'en tenir strictement aux doses prescrites ou de se faire suivre par un médecin car la DHEA est une hormone stéroïde et, de ce fait, ne doit pas être prise n'importe comment, car elle peut avoir des effets indésirables dans la mesure où elle est un précurseur à la fois des hormones mâles et femelles.

Effets secondaires

Prise en doses inadaptées, elle peut réduire le " bon " cholestérol, augmenter la pilosité, provoquer des crises d'acné ou une accélération du rythme cardiaque.

Méfiez-vous des imitations !

Le Yam, aussi appelé Wild Yam, est une plante originaire du Mexique contenant un précurseur des hormones stéroïdes : la diosgénine.

Cependant la transformation de cette substance en DHEA, impossible par le corps humain, ne peut se faire qu'en laboratoire. Hors, souvent le Yam est vendu en tant qu'hormone !

ÉCHINACÉE

(Nom latin : *echinacea purpurea*)

Origine

Bien qu'à présent cultivée en Europe, l'Échinacée est originaire d'Amérique du Nord. Les Amérindiens employaient cette magnifique herbacée pouvant atteindre 1,50 mètre de hauteur en cas d'infections, de toux, de maux de dent ou de gorge et de morsures de serpents.

On utilise sa racine.

Composants naturels

Acides polyéniques, bétaïne, glucosides, huile essentielle, inuline, isobutylamides, polysaccharides, résine, sesquiterpènes.

Propriétés thérapeutiques

Anti-allergique, antibiotique, dépuratif, immunostimulant.

Indications

L'Échinacée est un excellent stimulant des défenses naturelles et aide à prévenir les maladies virales. L'Échinacée est recommandée dans le domaine des maladies de peau et pour stimuler le système immunitaire, notamment aux changements de saison.

Consommation

La racine d'Échinacée se consomme sous forme liquide

en solution hydro-alcoolique, en gélules ou en tisanes. Dans ce dernier cas, elle est souvent associée à une autre substance naturelle ou à un autre complément alimentaire comme le Ginseng.

ESCHOLTZIA

(Nom latin : *eschscholtzia californica*)

Origine

Originaire de Californie, cette plante annuelle à fleurs jaunes de la même famille que le pavot était employée par les Indiens d'Amérique pour ses propriétés hypnotiques et les qualités analgésiques de sa sève, particulièrement en cas de maux de dents. L'Escholtzia a été introduite en France au XIXe siècle.

Composants naturels

Alcaloïdes

Propriétés thérapeutiques

Antispasmodique, elle est recommandée en cas de problèmes physiques et psychiques chez les enfants. Antianxyolitique et sédative, l'Escholtzia permet un sommeil paisible et réparateur et apaise l'anxiété, sans risque d'accoutumance. Elle possède aussi des propriétés régulatrices en cas de troubles nerveux.

Indications

Anxiété, cauchemars, insomnie, nervosité.

Consommation

En général, l'Escholtzia se prend sous forme de gélules

GINKGO BILOBA

(Nom latin : *Ginkgo biloba*)

Origine

Le Ginkgo est un arbre de la famille des ginkgoacées aux feuilles de couleur jaune d'or en forme d'éventails pouvant atteindre quarante mètres de haut. Ses graines sont entourées d'un fruit jaune et charnu.

Originaire de Chine, il est à présent cultivé aux Etats-Unis et en Europe (en France depuis le XVIIe siècle). Il est aussi appelé arbre aux quarante écus, noyer du Japon, arbre céleste, arbre sacré…

Il présente la particularité d'être une espèce végétale à lui seul car il ne peut être rattaché à aucune de celles existantes sur Terre. Il est considéré comme un véritable fossile vivant et existe depuis près de 250 millions d'années !

Il est connu dans toute l'Asie pour son extraordinaire longévité (certains spécimens existant actuellement en Chine ont près de mille ans). Il est vénéré dans l'enceinte des temples et des palais.

Cet arbre qui est devenu le symbole de la longévité semble apparemment à l'abri de toutes les agressions extérieures : champignons, insectes, maladies, parasites, pollution…

Dans la pharmacopée occidentale, on utilise ses feuilles séchées et en Chine son fruit. Son emploi thérapeutique y est d'ailleurs très ancien car on en trouve déjà trace dans le plus ancien traité de médecine chinoise écrit en 2700 ans avant J.-C.

Composants naturels

Acides aminés, flavonoïdes (biflavones, épicatéchol, isorhamnétol, kaempférol, quercétol, hétérosides de flavones, rutoside, flavonols, ginkgétol, isoginkgétol, sesquiterpènes (bilobalides), diterpènes (ginkgolides), hydrocarbures, procyanidines.

Propriétés thérapeutiques

Elles sont innombrables.

Ses fruits ont des vertus antibiotiques, antifongiques, expectorantes, sédatives, vermifuges.

Ses feuilles sont anti-inflammatoires, antispasmodiques, vasodilatatrices.

Indications

Il peut être utilisé en cas de dépression nerveuse, de crises d'angoisse, d'artériosclérose, de diabète...

On peut citer aussi ses effets thérapeutiques sur les systèmes nerveux et cardio-vasculaire. Il ralentit le vieillissement de la rétine et les troubles causés par la sénescence.

Dans le domaine des troubles de la circulation, le Ginkgo excelle particulièrement pour les problèmes d'artérite, de bourdonnements d'oreille, de migraines, de troubles de circulation artérielle cérébrale...

Néanmoins c'est surtout pour ses propriétés " anti-âge " que le Ginkgo est populaire. Il ralentit globalement le vieillissement de l'organisme et du cerveau ainsi que la dégénérescence des tissus, des organes et des cellules. Il s'oppose probablement aux maladies dégénératives afférentes à l'âge : démence sénile, maladie d'Alzheimer, sénilité...

Il donne par là-même du tonus et de l'énergie aux personnes fatiguées ou désirant rester tonique intellectuellement et physiquement. Il améliore la mémoire à tout âge.

Consommation

Il s'utilise en général sous forme de comprimés ou de gélules vendus en pharmacie ou dans les magasins spécialisés, en général en association avec un autre produit naturel ou un complément alimentaire.

Effets secondaires

Il y a quelques rares cas d'effets secondaires : maux de tête, problèmes intestinaux, étourdissements.

Du fait de son action fluidifiante sur le sang, pour se prémunir contre d'éventuels saignements, il faut éviter de prendre du Ginkgo avec d'autres compléments alimentaires agissant aussi sur le sang comme l'ail ou la vitamine E ou même l'aspirine.

GOMME GUAR

(**Nom latin** : *Cyamopis tetragonolubus*)

Origine

La Gomme Guar vient d'une plante herbacée qui est aussi une légumineuse de la famille des papilionacées. On utilise la graine.

Composants naturels

L'albumen des graines contient une forte proportion d'une substance riche en galatomane.

Propriétés thérapeutiques

La graine décortiquée sert de succédané à la gomme adragante servant à confectionner des préparations à consistance visqueuse.

Indications

Réduction de l'appétit

Consommation

En général, la Gomme Guar est utilisée sous forme de gélules à avaler environ trente minutes avant les repas.

GUARANA

(Nom latin : *Paullinia cupana*)

Origine

Originaire d'Amérique latine, cette plante est en particulier abondamment utilisée au Brésil. On confectionne une pâte à partir de l'amande de la graine.

Propriétés thérapeutiques

On commence à utiliser cette plante, de la famille des sapindacées, depuis quelques années pour ses vertus toniques. C'est en effet la plante la plus riche en caféine connue à ce jour ! En particulier sa graine.

Indications

Le Guarana est un bon amaigrissant. Il est donc utilisé en cas de fatigue, d'hypotension, d'obésité et de cellulite (en usage externe sous forme de crème). Il est aussi utilisé pour combattre les états d'asthénie.

Consommation

Il est souvent ingéré sous forme de boisson, mélangé à d'autres plantes. On le trouve aussi en poudre sous forme de gélules mais aussi en vin tonique et en extrait fluide.

HORMONES VÉGÉTALES

Origine

Les phytooestrogènes, ou oestrogènes végétales, sont des hormones produites par les végétaux de la même façon que les hormones secrétées par le corps humain.

Composants naturels

Il y a trois groupes principaux d'hormones végétales :

• les isoflavones sont des hormones produites par le soja et ses dérivés : lait de soja, yaourt, huile, tofu, galettes végétales à base de soja...

• les flavones proviennent surtout de l'oignon, de la pomme du persil, du thé et du thym.

• les ligans sont issus principalement des fruits, des légumes et des céréales.

Propriétés thérapeutiques

Les hormones végétales ont une influence sur l'équilibre hormonal humain mais aussi des propriétés antioxydantes et anticancéreuses. Dans ce dernier cas, de nombreuses études ont prouvé que les isoflavones ont une action inhibitrice sur les enzymes favorisant la prolifération des cellules tumorales.

L'exemple le plus spectaculaire de cette protection anticancéreuse se trouve dans les recherches menées sur les populations asiatiques grandes consommatrices de soja et de ses produits dérivés ainsi que de légumes et de fruits. Il est ainsi prouvé que les Orientaux vivant en Asie ne développent que très rarement des cancers, notamment ceux du sein et de la prostate.

En revanche les Asiatiques (notamment les Japonais, les Coréens et les Chinois) ayant immigré en Amérique du Nord et ayant pris des habitudes alimentaires occidentales développent des tumeurs cancéreuses, notamment au niveau de la prostate, dans une proportion de 30 à 80 fois supérieures à celle des populations vivant dans leur pays d'origine.

Indications

Les hormones végétales sont conseillées d'une façon générale mais en particulier chez les femmes dans les cas suivants :

• elles diminuent les symptômes afférents à la cessation de l'activité ovarienne chez les femmes ménopausées non traitées par les hormones de synthèse.

• elles ont une action protectrice sur les glandes mammaires des femmes ménopausées suivant un traitement de substitution hormonale.

• elles s'opposent au syndrome prémenstruel et allongent le cycle des femmes réglées (ainsi, les Chinoises ont un cycle menstruel moyen de 32 jours contre 28 chez les femmes occidentales.)

Consommation

Les phytooestrogènes se consomment en général dans des préparations en association avec d'autres substances comme le Wild Yam, une igname sauvage originaire d'Amérique du Sud très riche en progestérone naturelle.

Ces mélanges se trouvent sous forme de capsules, de comprimés ou de liquides dans les pharmacies et les boutiques diététiques.

KAWA-KAWA

Origine

Cet arbuste pouvant mesurer deux mètres de haut est originaire du Pacifique, notamment d'Hawaï et des Iles Marquises. Il y était employé traditionnellement comme base de nombreuses boissons.

Composants naturels

Kavalactones

Propriétés thérapeutiques

Les kavalactones ont une action sur l'anxiété et le stress. Le Kawa-Kawa est un sédatif du système nerveux. Il aide aussi à la guérison des maladies vénériennes et facilite la digestion.

Indications

Anxiété, angoisse, stress, surmenage, troubles du sommeil.

LÉCITHINE DE SOJA

(**Nom latin** : *soja hispida*)

Origine

Bien qu'étant originaire d'Asie où il est employé depuis des temps immémoriaux, le soja (voir ce nom plus bas) est maintenant largement cultivé en Amérique et en Europe à cause de ses extraordinaires qualités nutritives et thérapeutiques.

La partie ici employée est la Lécithine qui est un phospholipide présent aussi dans de nombreuses cellules de l'organisme et dans le jaune d'œuf.

Composants naturels

Vitamine E, vitamine A, phosphore, choline, inositol, phospholipides (constitués de AGPI - acides gras polyinsaturés - et de phosphore).

Propriétés thérapeutiques

La Lécithine est un émulsifiant naturel qui lie entre elles les molécules de graisse et celles d'eau. Elle participe au maintien du cholestérol en suspension dans le sang, évitant ainsi qu'il ne se dépose sur les parois artérielles avant d'être dégradé dans le foie.

Elle a aussi une action contre le stress et la fatigue, renforce la chevelure et le système nerveux et améliore la mémoire. La Lécithine stimule aussi la sécrétion biliaire et la fonction hépatique.

Indications

Troubles et entretien de la mémoire, cholestérol, détoxication de l'organisme.

Consommation

Les aliments étant de plus en plus raffinés, la quantité de Lécithine qu'ils devraient nous apporter chaque jour est de plus en plus réduite, d'où la nécessité d'un apport complémentaire sous forme de comprimés à avaler avec un peu d'eau ou en granulés à saupoudrer sur les aliments.

SÉLÉNIUM

Origine

Le Sélénium, dérivé du grec " selênê ", lune, par opposition à " tellurium ", terre est un antioxydant très efficace qui fut nommé ainsi par le chimiste suédois J.-J. Berzelius en 1817 en hommage à la déesse de la Lune, Sélène. Il est présent partout dans le sol.

Le Dr Klaus Schwarz établit le rôle important de ce métalloïde dans la nutrition des animaux en 1957. Il fallut néanmoins attendre 1973 pour que soit mis en évidence son importance pour l'organisme humain grâce au médecin américain John Rotruck.

Notre corps ne synthétise pas le Sélénium d'où l'importance de le trouver dans la nourriture où il existe en faible quantité.

La teneur du corps humain en Sélénium se situe entre 6 à 20 mg, la plus forte concentration se situant dans le cortex rénal et une bonne moitié dans les muscles.

La teneur des aliments en Sélénium dépend du sol sur lequel les végétaux sont cultivés ou les animaux élevés et de leur concentration en protéines. Il reste alors la solution d'utiliser des préparations de synthèse à base de Sélénium. Les besoins en Sélénium seraient d'ailleurs supérieurs chez l'homme à ceux de la femme car il l'éliminerait en particulier par l'éjaculation.

Le Sélénium est absorbé au niveau du tube digestif et éliminé principalement par les urines.

Qualités thérapeutiques

Sa qualité principale est d'être un antioxydant donc de stopper les attaques des radicaux libres, substances produites par le corps humain et responsables du vieillissement.

Il contribue à la formation de la glutathion-peroxydase, une enzyme capitale pour neutraliser la formation de radicaux libres. Cette enzyme protège en particulier contre l'oxydation des membranes cellulaires en association avec la vitamine E.

Le Sélénium est indispensable au bon fonctionnement du système immunitaire car il ralentirait en particulier la reproduction des cellules virales notamment en cas d'hépatite ou de sida. D'une manière générale, il protège contre tous types d'infection.

Plusieurs études menées en Chine et aux États-Unis ont démontré ses qualités thérapeutiques incontestables notamment en ce qui concerne la prévention du cancer.

Indications :

Le Sélénium a une influence sur la diminution des maladies cardiaques et un effet bénéfique sur le taux de cholestérol. Il se montre aussi intéressant dans le traitement de l'hypothyroïdie et de l'arthrose.

Le Sélénium est un détoxiquant : il a la capacité de se lier à certains métaux lourds toxiques (arsenic, cadmium, plomb, mercure...) et de contribuer à leur élimination urinaire.

Il a aussi des propriétés antifongique, antipelliculaire et régulatrice de la séborrhée du cuir chevelu.

Il influence la fonction musculaire en améliorant l'endurance et la récupération.

En association avec la vitamine E, il ralentit le processus du vieillissement.

Syndromes de carence

Pour savoir si vous souffrez d'un manque de Sélénium, fiez-vous aux indications suivantes :

• une altération des phanères (cheveux, ongles) qui se traduit par un éclaircissement des premiers et une opacification des seconds.

• une diminution du tonus musculaire et des troubles de la conduction (perturbations du système nerveux).

• une anémie progressive (diminution de globules rouges dans le sang ou de leur teneur en hémoglobine).

• dans les cas extrêmes, une cardiomyopathie (synonyme : myocardiopathie) ou atteinte du myocarde (muscle de la paroi du cœur) aiguë ou chronique.

On a aussi remarqué que des carences moins spectaculaires pouvaient être observées chez des personnes vivant dans des régions au sol contenant peu de sélénium et dont l'alimentation est à la fois peu variée et pauvre en protéines. Principalement et notamment : chez les femmes enceintes ou allaitant, les nourrissons, les vieillards et les personnes suivant une cure amaigrissante.

La carence en Sélénium peut provoquer une fatigue musculaire généralisée de même qu'une action déprimante sur le système nerveux entraînant par là-même dépression, fatigue, anxiété...

S'il n'existe pas de maladie chronique spécifique d'un excès d'absorption de Sélénium, on a cependant observé chez des ouvriers inhalant des fumées riches en sélénium des symptômes tels que des dépressions, un état d'apathie, une grande irritabilité, des dermatites légères et une haleine à l'odeur d'ail.

Consommation

On trouve naturellement cet oligo-élément à l'état de traces dans l'ail, les céréales complètes, le poisson, les fruits de mer, les champignons et la viande. Il se trouve cependant en particulièrement grande quantité dans les noix du Brésil qui contiennent de plus une bonne proportion de vitamine E, possèdant une action synergique importante quand elle est ingérée avec du Sélénium.

En revanche, le Sélénium est moins présent dans les fruits, les légumes, les boissons et les produits laitiers.

Effets secondaires

Mal dosé ou pris en trop grande quantité, le Sélénium peut se révéler toxique, provoquant des diarrhées, une chute des cheveux, de la fatigue, des nausées... L'excès de sélénium peut aussi retarder la croissance des enfants ; il importe donc de leur en donner avec précaution.

Il faut toujours bien respecter les doses prescrites. L'apport quotidien recommandé par l'Organisation Mondiale de la Santé est de 50 à 200 mg. Même si ce chiffre est variable, tous les chercheurs s'accordent pour déclarer qu'il ne faut absolument pas dépasser la dose de 400 mg par jour.

En cas d'excès de prise, une grande quantité de Sélénium est évacuée par les voies respiratoires sous une forme volatile appelée diméthylsélénide donnant à l'haleine une odeur d'ail ! Odeur, à noter au passage, qui est un signe des syndromes d'intoxication.

Prise de Sélénium

Il est en général recommandé, comme nous l'avons déjà dit, de renforcer l'utilisation du Sélénium en l'accompagnant de la prise de vitamine E.

A noter que le Sélénium issu de composés organiques d'origine végétale cultivés sur une terre sélénifère est mieux absorbé que celui en provenance de composés inorganiques comme le sel de sélénate.

Chez l'adolescent et l'adulte, les besoins quotidiens en Sélénium sont évalués à environ 50 à 200 mg/jour.

SPIRULINE

(Nom latin : *Spirulina maxima*)

Origine

La Spiruline est une algue bleuâtre microscopique que l'on trouve dans les eaux douces des régions tropicales.

Elle était déjà utilisée chez les Aztèques avant l'arrivée des conquistators espagnols au XVe siècle. En général, les peuples en consommant ne présentent pas de carences nutritionnelles.

Composants naturels

Acides aminés, acides gras essentiels, glucides, minéraux, fer, protéines, pigments, vitamines B12 (très énergétique et antianémique, la Spiruline en contient suffisamment pour assurer les besoins journaliers de l'organisme), provitamine A (carotène).

Indications

Carence en fer ou en protéines, complément des régimes amincissants, fatigue physique et intellectuelle, action sur la peau et les cheveux.

Particulièrement recommandée en période de croissance chez l'enfant et l'adolescent. Augmente les facultés de récupération avec des efforts physiques intenses.

Consommation

Sous forme de comprimés, seule ou en association avec l'acérola, une petite cerise d'Amazonie très riche en vitamine C.

WILD YAM

(Nom latin : *Dioscorea villosa*)

Origine

Le Wild Yam est originaire d'Amérique du Sud. Cette plante vivace pouvant atteindre six mètres de hauteur fut employée par les premiers colons européens pour combattre les diarrhées et les rhumatismes. Les femmes aztèques et mayas s'en servaient pendant la ménopause et pour soulager des règles douloureuses.

Principaux composants

Alcaloïdes, amidon, diosgénine, isoflavonoïdes, phytohormones, tanins.

Propriétés thérapeutiques

Anti-inflammatoire. C'est surtout sa forte proportion de phytohormones, précurseur de la progestérone, qui en font un complément nutritionnel exceptionnel. Ce qui lui permet de contribuer à la régulation et à la conservation de l'équilibre hormonal de l'organisme.

Indications

Coliques, douleurs menstruelles, prévention des symptômes de la ménopause (jambes lourdes, règles irrégulières, bouffées de chaleur).

YOHIMBE

Origine

Cette rubiacée est originaire d'Afrique, notamment du Cameroun, du Congo et du Gabon. On utilise principalement son écorce.

Principaux composants

Le Yohimbe contient 5 à 12 % d'alcaloïdes dont environ 70 à 80 % de yohimbine.

Propriétés thérapeutiques

Aphrodisiaque, hypnofuge, hypotenseur, régulateur des troubles menstruels, stimulant. C'est un vasodilatateur sympatholytique reconnu.

AUTRES COMPLÉMENTS ALIMENTAIRES

Le secteur des compléments alimentaires est en plein essor. Il en naît pratiquement de nouveau tous les mois.

Au moment du bouclage de cet ouvrage, on recensait la création récente des compléments alimentaires suivants :

La dolomite : le sable dolomitique constitue la source naturelle la plus riche en magnésium et en calcium sous une forme assimilable. Ceux-ci jouent un rôle fondamental dans la formation osseuse et stimulent les systèmes cardio-vasculaire, musculaire et nerveux.

La gélatine médicinale : cette substance très riche en protéines influence la bonne santé générale de tous les tissus corporels (articulation, cheveux, ongles, peau...).

CONSEILS CONCERNANT LA PRISE DE COMPLÉMENTS ALIMENTAIRES

Si il peut être utile d'apporter un complément sous forme de suppléments nutritionnels à son alimentation ordinaire, il convient néanmoins de ne pas tomber dans l'excès inverse et d'éviter la surconsommation de ces suppléments.

Plutôt que d'en consommer sans modération, il est aussi recommandé de limiter l'élimination urinaire et de favoriser l'assimilation des nutriments déjà présents dans l'alimentation ordinaire.

Pour cela, il est nécessaire :

• d'éviter la surconsommation d'alcool, de tabac, de café, de maté et de thé, d'aliments trop riches en fibres comme le son ou en acides foliques comme les abats, les pommes de terre, les germes de céréales...

• de veiller au bon fonctionnement du tube digestif en entretenant la flore digestive par une consommation quotidienne de yaourts, de laits fermentés et de fibres bifidogènes.

• de bien respecter les indications concernant la prise des compléments alimentaires (par exemple, le zinc est mieux assimilé s'il est pris à jeun).

De plus, il faut savoir qu'il existe des incompatibilités entre certains compléments alimentaires qui se traduisent soit par l'augmentation de leur élimination urinaire ou par l'impossibilité de leur assimilation intestinale.

Par exemple, une consommation abusive de vitamines C

a un impact négatif sur l'assimilation du cuivre, l'acide oxalique (dans les épinards) gêne celle du calcium, le phosphore et les fibres sont nocives pour le sélénium...

Il importe donc de bien se renseigner ou de suivre attentivement les conseils portés sur les notices d'emploi pour éviter ce genre de problèmes.

Tableau des utilisations curatives et préventives des compléments alimentaires

Acné : huiles de bourrache, de pépins de cassis ou d'onagre (GLA) et levure de bière (vitamines B).

Le GLA stimule la synthèse de la prostaglandine E1, anti-inflammatoire. Les vitamines B luttent contre la peau séborrhéique.

Anémie : spiruline (fer, vitamine B12) principalement recommandée.

Aphtes : germe de blé (vitamines B) et levure de bière.

Les vitamines B sont recommandées en cas d'inflammations de la bouche, de la langue et des muqueuses digestives.

Arthrite : (inflammation des articulations) : huiles de bourrache, de pépins de cassis, d'onagre ou de poisson (AGPI).

Arthrose : (usure des articulations) : gélatine médicinale (source de protéines), germe de blé (source de vitamine E, de protéines), levure de bière (source de manganèse, de protéines), pollen (source de soufre, de protéines), spiruline (source de carotène, de vitamine E et de protéines).

Cheveux (chute, mauvais état) : algues (source d'iode, de protéines, de zinc), gélatine médicinale (source de protéines), germe de blé (source de protéines, de vitamines B, de soufre), levure de bière, et spiruline (source de fer) en cas d'anémie.

Cholestérol (excès) : lécithine de soja, huiles de bourrache, de pépins de cassis, d'onagre ou de poisson (AGPI).

Constipation : pollen (source de méthionine) en cas d'engorgement du foie si l'apport de l'alimentation est insuffisant en fibres. La méthionine, un acide aminé qui se trouve en grande quantité dans le pollen possède un effet dépuratif et hépatoprotecteur.

Crampes : dolomite pour sa richesse en magnésium.

Croissance : dolomite (calcium), huiles de foie de flétan ou de morue (vitamine D), spiruline (protéines, fer).

Déprime : dolomite (calcium, magnésium), germe de blé (magnésium), levure de bière, lécithine de soja (choline).

Diabète : levure de bière dont les oligo-éléments (chrome, zinc, manganèse) régularisent la glycémie.

Fatigue : algues marines, gelée royale, levure de bière, pollen.

Fragilité capillaire : pollen (rutine).

Gastrite : dolomite (carbonates de calcium et de magnésium, sels antiacides), gélatine médicinale (pansement gastrique), spiruline (effet antiacide naturel).

La gélatine doit être ingérée avant les repas avec beaucoup de liquide et les comprimés de dolomite une heure après ceux-ci.

Grossesse : dolomite (calcium, magnésium), spiruline (fer, protéines).

Hypertension : dolomite (riche en magnésium pour son action vasodilatatrice sur les artères), huiles de poisson (AGPI),

Hypoglycémie : levure de bière (chrome, manganèse, zinc).

Insomnie : dolomite (calcium, magnésium).

Mémoire : germe de blé, huile de pépins de cassis (acide stéaridonique), lécithine de soja (phosphore, choline), levure de bière, pollen (vitamines B).

Ménopause : dolomite (voir “ croissance ”). Bouffées de chaleur: huiles de bourrache ou de pépins de cassis (GLA). Décalcification : huiles de foie de flétan ou de morue.

Le besoin en GLA est toujours plus grand en période de bouleversements hormonaux.

Nervosité : dolomite (calcium, magnésium), germe de blé (vitamines B). levure de bière.

Obésité : algues marines (iode) en cas de paresse métabolique. Son (fibres) en cas d'appétit excessif.

Paresse hépatique : lécithine de soja (choline), levure de bière (vitamines B), pollen (méthionine).

Pellicules : levure de bière (vitamines B), pollen (méthionine).

Les vitamines B sont particulièrement recommandées pour protéger le cuir chevelu et lutter contre le stress et l'engorgement du foie, deux causes favorisant les pellicules

Rhumatismes : le carotène et la vitamine E sont des antioxydants efficaces contre toutes les maladies dégénératives. Le manganèse, le soufre et les protéines favorisent la synthèse du cartilage articulaire. (voir aussi " Arthrite " et " Arthrose ").

Sport (pratique du) : dolomite (calcium, magnésium), germe de blé (vitamines B, potassium), levure de bière, spiruline (fer).

Vue : huile de pépins de cassis (acide stéaridonique), huiles de foie de flétan ou de morue (vitamine A), spiruline (carotène).

Remarque :

Tout complément riche en AGPI (huiles de bourrache, de pépins de cassis, d'onagre, de poisson...) s'accompagne d'un besoin supplémentaire de vitamine E et doit donc être complété par un apport de celle-ci (au moins 100 mg).

CHAPITRE VII

La santé et les aliments guérisseurs

La pratique du mode de culture " bio " permet de préserver les nutriments essentiels se trouvant dans des aliments non raffinés et non traités par des processus industriels et assure un apport journalier minimum de protides, de glucides, de lipides, de vitamines, d'oligo-éléments, de sels minéraux... parfois absents des aliments ordinaires.

Ainsi si les taux de vitamines et de minéraux (pour 100 g de matière sèche) sont quasiment identiques pour les produits "bio" et non "bio", en revanche, la proportion de matière sèche est nettement plus importante dans les premiers que dans les seconds, notamment au niveau de leur teneur en eau.

Un produit "bio" peut tout à fait être allégé car si on ne peut rien y ajouter suivant la réglementation en vigueur, on peut tout à fait enlever quelque chose, par exemple de la matière grasse.

Cette règle fondamentale de base, ajoutée au fait que les modes de culture et de transformation biologiques préservent les nutriments, permet d'affirmer que, normalement, un aliment issu de l'agriculture biologique n'a pas besoin d'être enrichi en vitamines, en minéraux ou en quelque substance que ce soit.

Si des vitamines et des minéraux peuvent être ajoutés c'est uniquement dans le cadre de l'alimentation infantile qui, d'après la législation actuelle, doit obligatoirement contenir des vitamines et des minéraux.

Pour une bonne digestion

Les troubles digestifs sont de plus en plus fréquents à notre époque. Or, notre état de santé général dépend de notre digestion car si l'assimilation des aliments ne se fait pas correctement, et par voie de conséquence l'élimination par l'urine et les fèces, nos cellules ne reçoivent par les nutriments essentiels à leur vie et à leur renouvellement, entraînant par là-même nombre de désordres organiques et physiologiques.

Nous mangeons et nous digérons de plus en plus mal pour de multiples raisons : stress du mode de vie moderne, médiocrité nutritionnelle de l'alimentation moderne, manque de temps accordé à une bonne mastication.

Nos repas trop pauvres en éléments essentiels, composés d'aliments sans apports suffisants et consommés hâtivement entraînent des problèmes tels que désordres gastriques, ballonnements, gaz intestinaux, aigreurs d'estomac, renvois, remontées acides, transit difficile...

Pour remédier à ces problèmes de digestion, il importe donc de prendre le temps nécessaire à vos repas, de bien mâcher, de constituer des menus équilibrés à l'aide d'aliments (si possible biologiques) et en tout cas principalement choisis parmi les aliments guérisseurs.

Gare au transit

Le transit intestinal est aussi perturbé par nos conditions de vie modernes notamment sédentaires et par une alimentation déséquilibrée et/ou pauvre en fibres. Ainsi en cas de digestion paresseuse, augmentez votre consommation de fruits et de légumes si possibles frais... et gardez ensuite cette bonne habitude, garante d'un transit régulier sans problèmes.

De même, le manque d'activité physique agit négativement sur la régulation du transit, aussi pratiquez d'une façon constante un peu d'exercice, ne serait-ce que la marche.

Pour faciliter le transit, il convient aussi de consommer le pain complet et/ou au son qui apportent beaucoup de fibres à l'organisme. Vous trouverez de même en pharmacie ou dans les magasins spécialisés des produits facilitant le transit intestinal, notamment à base de fibres de pois blonds, de farine de froment, de pruneau, de pomme, d'extrait de malt...

La muqueuse intestinale permet l'absorption des aliments mais aussi l'élimination des toxines d'où l'importance de son bon fonctionnement et du bon état de sa structure dépendant d'une bonne hygiène intestinale. Les intestins renferment des milliards de micro-organismes dont dépendent une digestion efficace, c'est-à-dire une bonne assimilation des aliments et une bonne élimination des déchets.

Parmi les facteurs contrariant l'hygiène intestinale figurent le stress, une alimentation moderne trop agressive pour la muqueuse intestinale mais aussi les antibiotiques qui détruisent souvent la flore intestinale.

Aussi, un apport régulier de bactéries dites probiotiques facilite l'entretien et le renouvellement de la flore intestinale qui a ainsi besoin d'être entretenue grâce, en particulier, aux ferments lactiques qui améliorent la digestion.

Privilégiez en particulier les laitages et notamment tous les produits ou complément à base de *lactobacillus acidophilus*.

Parmi les compléments alimentaires permettant de faire disparaître les sensations de lourdeurs, les produits à base de ferments et de levures lactiques mais aussi d'extrait de malt et de suc de papayer sont conseillés.

Ainsi, les ferments et les levures lactiques permettent de restaurer et de rééquilibrer la flore intestinale et de réduire les ballonnements. De leur côté les amylases et la papaïne (extraite du papayer) sont des enzymes naturelles aidant à une meilleure assimilation des aliments pendant la digestion.

Sauvez votre foie

Le bon fonctionnement du foie a aussi une importance considérable sur le processus digestif car un foie déréglé a du mal à détoxiquer le corps. Ce qui entraîne, entre autres, une augmentation de la fatigue générale. De même, les graisses insuffisamment dégradées par le foie s'accumulent dans l'organisme.

Les abus en tout genre (café, alcool, excès alimentaires) lèsent gravement le foie qui est la glande la plus grosse du corps humain, pouvant atteindre jusqu'à 1,5 kilo !

Le foie est à la fois un organe digestif (production de la bile nécessaire à la digestion des graisses) et un organe d'élimination (ou émonctoire permettant la détoxication de l'organisme).

Cette dernière fonction est accomplie par les hépatocytes (cellules hépatiques). L'extrême vascularisation du foie permet de favoriser cette fonction.

Le foie travaille en permanence pour assurer l'élimination des déchets et des toxines et purifier le sang. Cependant, cet organe filtrant extrêmement performant peut voir ses fonctions ralenties ou gênées par plusieurs facteurs : fumée, pollution, médicaments, stress et principalement des désordres et des abus alimentaires (notamment de graisses et d'alcool).

Il peut même arriver que les hépatocytes soient partiellement voire complètement éliminés par les produits hépatotoxiques qu'ils sont chargés d'évacuer de l'organisme !

Parmi tous les ennemis du foie, le plus virulent est sans aucun doute l'alcool. La maladie la plus connue due à une consommation alcoolique trop élevée est la " fameuse cirrhose du foie ". L'abus d'alcool peut aussi entraîner des lésions hépatiques

La solution par l'alimentation

Pour entretenir son foie et pallier tous les inconvénients entraînés par les abus décrits ci-dessus, la solution passe par une alimentation plus saine.

Tout d'abord, la mesure la plus simple est d'augmenter votre consommation d'eau si vous ne buvez pas assez.

Il est conseillé d'avaler deux litres minimum de liquides par jour, de l'eau minérale de préférence pour son apport en sels minéraux et en oligo-éléments, mais aussi des infusions, des tisanes...

Ensuite, habituez-vous à une alimentation variée et frugale à base d'aliments protéiniques maigres (soja, laitages écrémés, poisson, volaille), de légumes et de fruits (frais de préférence), de céréales ainsi que de produits céréaliers complets.

Il convient de compléter ce régime avec des vitamines notamment du groupe B qui aident au bon fonctionnement du système digestif ainsi que par du soufre, oligo-élément essentiel ayant des vertus détoxiquantes et hépatoprotectrices.

Des infusions à base de tout ou une partie des plantes suivantes (anis vert, artichaut, pissenlit, menthe, romarin...) stimulent les voies biliaires pour éliminer rapidement les déchets, en particulier si une alimentation trop riche et grasse encrasse régulièrement votre système digestif.

Pour les lourdeurs d'estomac, les aliments guérisseurs suivants sont conseillés : fenouil, coriandre et réglisse. A prendre sous leur forme naturelle ou dans des infusions en association entre elles et/ou avec de la camomille et/ou de la verveine.

Les plantes à la rescousse

Il existe aussi un certain nombre de plantes pouvant aider à prévenir ou à guérir les affections hépatiques (notamment le pissenlit, le boldo, le chardon Marie et l'artichaut).

Par exemple, la prise de chardon Marie ralentit voir même annihile complètement l'action néfaste des substances hépatotoxiques qui peuvent être responsables de la cirrhose du foie ; voire de la nécrose de celui-ci. Les composants chimiques de cette plante, les flavanolignanes (dont la silymarine), possèdent des propriétés freinant l'absorption des toxines, s'opposant à ce que des produits toxiques provoquent des lésions et favorisant la régénération des cellules hépatiques.

Il existe des préparations à base de chardon Marie (sous forme de capsules, d'infusions ou de comprimés) adaptées à de nombreux troubles digestifs, notamment à ceux touchant le foie, en particulier en cas d'hépatite virale ou de lésions dues à une ingestion immodérée d'alcool.

Dans le premier cas, ces remèdes favorisent le processus de guérison de l'hépatite virale. Dans le deuxième cas, la silymarine en particulier permet de régénérer les cellules lésées par l'abus d'alcool, de leur redonner toute leur capacité métabolique, voire de s'opposer à la progression de la cirrhose.

La combinaison de ces préparations à base de plantes guérisseuses et d'un complément homéopathique (par exemple *Nux Vomica* et *Thuya*, demandez conseil à un homéopathe) constitue sans aucun doute le moyen naturel le plus efficace et le moins agressif de venir à bout de vos problèmes de foie.

Pratiquez régulièrement le drainage

De même, à chaque changement de saison, notamment au printemps et à l'automne, il est conseillé de faire une cure de drainage et de nettoyage de l'organisme. Cette détoxification a pour but de nettoyer les organes émonctoires (participant au nettoyage de l'organisme) comme les reins, le foie, la peau et de purifier ainsi le corps des déchets et des toxines qui se sont accumulés.

Une cure régulière de drainage permet de renforcer votre système immunitaire, de remettre en état les émonctoires, de retrouver un fonctionnement normal de l'organisme.

Il est ainsi notamment conseillé aux changements de saison de consommer plus de fruits et de légumes si possible d'origine naturelle et biologique.

Il existe aussi des jus de légumes et de fruits que vous

trouverez dans tous les magasins diététiques. Dans le même temps, pendant deux à trois semaines, évitez d'avoir une alimentation trop riche en sucres rapides et en graisses, notamment en vous abstenant de consommer par exemple de la charcuterie, des frites, des sauces, des sodas...

De même, parmi les compléments alimentaires facilitant la détoxication de l'organisme, choisissez des produits contenant notamment du radis noir, de la carotte et du citron, l'association des trois étant assez efficace.

De même la pratique régulière du jeûne est conseillée.

Sauvegardez votre peau

S'il est une partie de notre corps qui subit de plein fouet les outrages du temps, c'est bien notre peau.

Elle est en première ligne pour contrer les agressions naturelles (soleil, changement de conditions climatiques, cycle des saisons, éléments naturels) et artificielles (pollution, blessures, accidents, sous ou surexposition au soleil...)

Aussi, pour préserver la peau le plus longtemps possible, lui conserver son élasticité, sa fraîcheur, garder un beau teint lisse (aussi bien pour les femmes que pour les hommes), faire en sorte qu'elle se répare rapidement en cas d' " accroc ", il convient d'adopter certaines mesures hygiéniques et alimentaires.

En effet, la peau est le reflet de l'état d'un organisme, même si une personne semble jeune de visage, il suffit souvent de regarder ses mains pour connaître son âge approximatif. Ainsi, telle personne ayant un beau teint de pêche peut parfaitement avoir des mains tavelées et fripées.

De même, il convient de se surveiller pour éviter les expositions excessives au soleil, le stress physique et psychique (facteur important de vieillissement), la pollution notamment atmosphérique, la fumée de cigarette, une alimentation déséquilibrée ou carencée, l'absorption de mauvaises graisses notamment animales, de trop nombreux abus alimentaires ainsi qu'une trop grande consommation d'alcool.

Le processus de vieillissement de la peau

Scientifiquement, le vieillissement de la peau commence... autour de 25 ans. Dès notre quarantième année environ, ce processus s'accélère : l'épiderme s'atrophie, les glandes sébacées et sudorales commencent à disparaître. Le tissu conjonctif dégénère, notamment les fibres de collagène et d'élastine le composant.

Tous ces phénomènes entraînent l'amincissement, le dessèchement et le flétrissement de la peau ! De plus, les radicaux libres qui détruisent l'élastine et le collagène ont une action sur les lipides cutanés. Ce qui entraîne la production de lipofuscine, le pigment des taches de vieillesse.

Avec l'âge, le corps se défend naturellement de moins en moins efficacement contre les radicaux libres. Il a de plus en plus de mal à produire des enzymes anti-radicaux libres, laissant la peau à la merci de ces impitoyables molécules oxydantes.

Chez la femme, il est une autre époque terrible pour la peau : la ménopause. Une fois son cycle menstruel définitivement arrêté, et la fonction ovarienne stoppée, la femme se trouve privée de la production habituelle des hormones (la progestérone et les oestrogènes) qui assuraient aussi l'hydratation de sa peau. Cet arrêt la laisse, de même, sans défense contre les hormones mâles que ses glandes surrénales n'arrêtent pas de secréter.

Si un traitement de substitution hormonal permet en partie de pallier ces faiblesses et ces manques, c'est dans l'alimentation que se trouve, pour la femme, le salut de sa peau, permettant de ralentir le processus de dégénérescence cutané.

L'alimentation de la peau

L'emploi de la vitamine A et de son précurseur végétal le bêta-carotène est la première mesure efficace pour sauvegarder sa peau car ils possèdent à la fois des propriétés antioxydantes et lubrifiantes.

La principale sources de vitamine A (voir aussi le chapitre : Les vitamines à " vitamine A ") est l'huile de foie de flétan (en capsules) et celle de bêta-carotène, la spiruline, une algue lacustre que l'on trouve sous forme de comprimés (au sujet de la spiruline, voir aussi le paragraphe : Les Compléments Alimentaires).

On utilisera ensuite la vitamine C qui possède des propriétés anti-radicaux libres et contribue à la production du collagène (voir aussi le chapitre : Les vitamines à " Vitamine C ").

Puis la vitamine E qui, elle, combat les radicaux libres et l'oxydation dont ils sont la cause. Cette vitamine assure un rôle de protecteur des lipides des membranes cellulaires. Leur apport est notamment fondamental après la ménopause. (voir aussi le chapitre : Les vitamines à " vitamine E ")

Il est à noter que les vitamines décrites ci-dessus (A, C et E), dites aussi vitamines antiradicalaires, sont à la base de nombreuses crèmes antirides.

Parmi ces bienfaitrices de la peau, la vitamine A ou rétinol est un des oxydants les plus performants en applications locales. Ce qui permet la régénération cellulaire, l'atténuation des rides et le renforcement de la structure des tissus.

Cependant, pour que le rétinol puisse être absorbé par la peau, les cellules cornées mortes doivent avoir été préalablement évacuées.

Aussi, avant d'appliquer les produits à base de rétinol, il faut exfolier la peau, par exemple avec des crèmes à base d'acide glycolique (un agent exfoliant naturel tiré de la canne à sucre). On trouve ces crèmes en pharmacie ou dans les magasins de vente de cosmétiques naturels.

Il ne faut pas oublier la vitamine F qui s'oppose au dessèchement de la peau. On l'appelle aussi AGPSE (acides gras polyinsaturés essentiels). (Voir aussi le chapitre : Les vitamines à “ vitamine F ”).

L'huile de lin est particulièrement conseillée car très riche en vitamine F, notamment en acide alphalinolénique.

L'acide gamma-linolénique (GLA) ne doit pas être oublié non plus. C'est un acide gras polyinsaturé dont la synthèse naturelle ralentit progressivement avec le temps.

Ce ralentissement provoque le dessèchement et la dégradation de la peau. Pour l'empêcher, il est conseillé de consommer en particulier des huiles d'onagre, de pépins de cassis ou de bourrache qui sont d'excellentes sources externes de GLA. On peut les consommer sous leur forme naturelle ou de comprimés.

Apport protéinique et forme quotidienne

Pour rester en forme en permanence, il convient de veiller à un apport constant de protéines. Cette mesure ne vaut pas simplement pour les grands sportifs mai aussi pour monsieur ou madame tout-le-monde.

Le besoin protéinique s'élève à 1 gr par kilo corporel et par jour, soit 70 gr de protéines pour une personne de 70 kilos.

Ce chiffre moyen s'adresse à une personne relativement sédentaire. Il doit être sensiblement augmenté dans les cas suivants : femmes enceintes ou en train d'allaiter, enfants et adolescents en pleine croissance, travailleurs manuels ou soumis à un stress important au vu des conditions de travail (métiers à risque).

En plus des protéines que l'on peut trouver dans l'alimentation (viande, blanc d'œuf, poissons, céréales, soja...), il est aussi possible d'absorber des protéines sous forme de poudre que l'on trouve dans les magasins diététiques, les pharmacies, les boutiques de musculation...

Ces suppléments nutritionnels souvent à base de petit-lait, de soja ou de poudre de blanc d'œuf (une des sources protéiques les plus importantes) contiennent souvent l'ensemble des acides aminés (matériau de base des protéines), des vitamines, des minéraux et des oligo-éléments les plus indispensables à un développement musculaire harmonieux, tout en participant au renforcement de la peau, des ongles et des cheveux.

Nul besoin de forcément faire de la musculation ou du culturisme pour en consommer bien que les personnes se livrant à ces activités nécessitant une grande débauche d'énergie et d'efforts en soient les principaux utilisateurs. Si vous n'en faites pas partie et ne pratiquez du sport que modérément, il importe de bien respecter les doses prescrites sous peine de voir les protéines absorbées non utilisées se transformer en réserves de graisse ! Forme sous laquelle sont stockées les protéines non-utilisées.

Pour les sportifs, les suppléments protéinés présentent l'avantage de préserver en grande partie des blessures à cause de leur taux élevé d'antioxydants.

Eviter les blessures dues à la pratique sportive

Si la principale façon de prévenir les traumatismes causés par la pratique sportive, que ce soit celle d'un sportif du dimanche ou celle d'un pratiquant intensif, consiste à effectuer un échauffement avant tout exercice, l'alimentation joue aussi un rôle important dans la prévention des blessures de ce type. Elle évite aussi les carences et améliore les performances sportives.

La pratique régulière d'un sport entraînant un effort musculaire soutenu produit à la fois de l'acide lactique et surtout les redoutables radicaux libres, molécules oxydantes à l'origine de la destruction des cellules et du vieillissement général des tissus et de l'organisme.

D'autre part, les radicaux libres limitent la capacité du muscle mais aussi celle des ligaments, des nerfs et des tendons à l'effort et réduisent leur résistance. Ce qui entraîne leur fragilisation et augmente par conséquent le risque de blessure.

Pour éviter le développement de ces processus dégénératifs et la fragilisation des muscles, donc celle de l'organisme, il importe que l'alimentation du sportif soit variée mais surtout riche en substances anti-radicaux libres comme par exemple des vitamines (notamment C et E), des oligo-éléments comme le soufre, le zinc et le sélénium, du bêta-carotène.

Le sportif doit aussi beaucoup boire pour éviter la déshydratation responsable de nombreux traumatismes musculaires (claquages, tendinites, lésions...) et ingérer assez de protéines (1 gr par kilo et par jour) pour régénérer ses réserves protidiques et développer et renforcer sa masse musculaire.

Le régime du sportif doit donc être constitué :

• de légumes et de fruits frais (riches en vitamine C), notamment de couleur vive, principalement jaune-orangée (carotène) et verte,

• de légumes secs (sélénium, zinc), de fruits secs (carotène),

• de céréales complètes (vitamine E, zinc, sélénium),

• d'ail et l'oignon (sélénium, soufre),

• de compléments alimentaires comme la levure de bière (zinc, sélénium), la spiruline (carotène, vitamine E),

• de germe de blé (vitamine E, zinc, sélénium).

Combattre la fatigue par l'alimentation

La fatigue est, avec le mal de dos, un des fléaux de notre époque.

Qu'elle soit passagère ou chronique, on lui retrouve toujours les mêmes causes : mode de vie moderne et rythme professionnel stressants, manque de sommeil, transports trop longs, bruit, sédentarité abusive, stations debout longues notamment dans les transports... mais aussi une digestion difficile et une alimentation ingérée trop rapidement et déséquilibrée

Les remèdes sont d'abord les contrepoisons des causes ci-dessus : ralentissement de votre rythme professionnel, sommeil suffisamment réparateur, exercice physique régulier mais surtout une diététique plus équilibrée et riche en nutriments essentiels.

La fatigue est souvent due à une hyperactivité physique et psychique. Elle se révèle une conséquence du stress mais manifeste aussi une carence en nutriments essentiels (notamment en acides aminés, en vitamine B et C, en fer, en magnésium, en potassium).

Il existe plusieurs types de fatigue :

- la fatigue musculaire suite à un effort physique trop poussé.
- la fatigue nerveuse causée par une tension psychique ou l'accumulation de plusieurs tensions psychiques (problèmes de travail, de couple, de famille, mauvaise entente avec ses enfants ou ses parents, difficultés d'adaptation à de nouvelles conditions de vie, de travail ou suite à un déménagement, une nouvelle affectation, un changement de milieu professionnel...).
- la fatigue pathologique consécutive à une maladie ou à une affection chronique ou aiguë.
- la fatigue médicamenteuse suite aux effets secondaires de certains médicaments (antibiotiques, diurétiques, somnifères, antidépresseurs...).

La fatigue est souvent un signe envoyé par le corps pour prévenir des carences déclarées en nutriments essentiels.

Si la fatigue ressentie est légère, souvent une bonne nuit de sommeil ou un repos récupérateur suffiront à en venir à bout, outre la prise de suppléments alimentaires.

Si elle persiste, se transforme en asthénie ou en fatigue chronique ou si une bonne nuit de sommeil ne suffit pas et/ou que vous vous réveillez fatigué, il importe de réagir rapidement.

Il faut alors changer votre alimentation et consommer des compléments nutritionnels.

Si vous n'arrivez pas à vous en débarrasser en suivant les solutions proposées ici, consultez un médecin car votre fatigue peut alors être le symptôme d'une maladie, d'une infection, voire d'un état dépressif.

Les principaux ennemis des nutriments " antifatigue " sont :

• l'abus d'alcool qui détruit les vitamines B et C, le magnésium et le potassium,

• la caféine responsable d'une élimination rénale trop importante des vitamines B et C,

• la fumée qui détruit les vitamines du groupe B et la vitamine C,

• l'acidose tissulaire ou acidité trop importante des tissus entraînée par une consommation excessive d'aliments acidifiants, en particulier tous les éléments raffinés (alcool, café, farine blanche et ses dérivés, protéines carnées, sucre raffiné et sucreries, graisses durcies). La guérison de l'acidose tissulaire passe par l'adoption d'une hygiène alimentaire saine, une activité physique régulière et la prise de sels alcalinisants (en vente en pharmacie).

Certains facteurs peuvent aussi entraîner un surcroît de fatigue, notamment les situations demandant un apport important de nutriments “ antifatigue ” :

• l'entraînement physique intensif exigeant un important besoin d'acides aminés, de fer, de magnésium, de potassium.

• la grossesse et l'allaitement, nécessitant une grande quantité d'acides aminés, de fer et de magnésium.

• la croissance des enfants et des adolescents requérant un apport en fer et en acides aminés.

• enfin, un végétarisme mal contrôlé ayant pour conséquence un manque d'acides aminés, de fer et de vitamines du groupe B, notamment B12...

Sans compter la sédentarité qui sclérose le corps, l'obésité qui impose un travail supplémentaire au cœur, un manque de sommeil empêchant une récupération correcte.

Les solutions “ antifatigue ”

D'abord, il importe d'avoir une alimentation saine et la plus biologique possible en évitant en particulier tous les aliments raffinés.

Il est recommandé évidemment de consommer des aliments guérisseurs et des compléments alimentaires régulièrement comme du ginseng, du kawa-kawa, de la caféine en doses raisonnables...

Au niveau de l'alimentation, il convient surtout de consommer les nutriments suivants :

• **Les acides aminés :** le rôle de ces composants que l'on trouve principalement dans les protéines animales et dans le soja est fondamental pour la construction du corps, des muscles en particulier, notamment des cellules, et pour la régénération des tissus.

Ce dernier processus nécessite un apport énergétique très important car il consomme une quantité importante de nutriments.

Les acides aminés sont aussi indispensables à la réparation du corps et à sa protection suite à des accidents, des maladies ou des traumatismes. Ils sont aussi fondamentaux pour la fabrication des anticorps, des hormones et des enzymes. Ils sont de même nécessaires à la purification de l'organisme et à l'élimination des toxines.

Pour plus de précisions à ce sujet, voir le chapitre “ Les Acides Aminés ”.

• **Les vitamines** sont fondamentales pour aider le corps à se défendre contre le stress et à combattre la fatigue.

La vitamine A est la vitamine antifatigue de base. On la trouve notamment dans les fruits et les légumes frais et en particulier dans les agrumes, les choux, les poivrons...

Les vitamines du groupe B sont énergétiques et indispensables à la détoxication du foie, au bon fonctionnement et à l'entretien du système nerveux. Surtout :

- La vitamine B1 qui favorise la transformation du glucose en énergie que l'on trouve dans les céréales complètes, le jaune d'œuf, le germe de blé, la levure de bière, les oléagineux...

- La vitamine B5 qui permet la transformation des glucides et des lipides en énergie. On la trouve dans les mêmes aliments que la précédente.

- La vitamine B12 qui aide au métabolisme des sucres, des protéines, des lipides et aux échanges énergétiques entre les cellules. On la trouve dans les algues, les protéines animales, la spiruline.

- L'eau : son apport est indispensable dans l'élimination des toxines, la nutrition des cellules, la tonicité du corps et de l'esprit. L'insuffisance de son apport (déshydratation) est une des principales causes de la fatigue passagère ou chronique, des coups de pompe physiques ou psychiques.

• **Les sels minéraux** jouent aussi un grand rôle dans le maintien ou le retour à la vitalité psychique et physique. A contrario, leur carence entraîne le déclenchement ou la persistance des états asthéniques.

- le magnésium soutient les fonctions musculaires et nerveuses. On le trouve dans la levure de bière, le germe de blé, les oléagineux, les céréales complètes...

- le potassium contribue à l'activité des muscles et au métabolisme des glucides. On le trouve dans la levure de bière, le germe de blé, les légumes frais ou à peine cuits et les fruits frais ou secs.

- le fer : sa carence dans l'organisme entraîne de nombreux symptômes comme le manque de vitalité et de tonus mental. Il se trouve dans les coquillages, les crustacés, les fruits oléagineux, le jaune d'œuf, la spiruline, la viande...

Plus jamais fatigué !

Il est aussi recommandé de prendre des boissons glucidiques de l'effort, celles-ci permettant de reconstituer rapidement vos forces, de tonifier votre organisme et de vous redonner dynamisme et joie de vivre.

En matière de compléments antifatigue, on recommande les produits à base de ginseng (revitalisant, tonifiant, augmente les performances physiques et intellectuelles), de gingembre (tonifiant), de guarana riche en caféine (stimulant de l'organisme et de l'endurance)... ou d'un mélange de ces plantes.

Notamment en ce qui concerne l'effort intellectuel et l'amélioration de la mémoire, ainsi qu'en période de concours ou d'examen, il est recommandé de prendre particulièrement des vitamines C et celles du groupe B et E, des xanthines de kola, phytoactifs très stimulants, des phospholipides ralentissant le vieillissement cérébral, le bêta-carotène, le fer, le calcium, le sélénium...

Retrouvez votre énergie

Conséquence de la fatigue évoquée ci-dessus, qu'elle soit passagère ou chronique, vous manquez de tonus, d'énergie, vous êtes à plat et vous n'arrivez pas à vous en sortir.

De même, les soucis, les surcharges de travail et les responsabilités désorganisent aussi les équilibres physiologiques de l'organisme et installent souvent durablement des états d'asthénie dont il est difficile de se débarrasser.

Il existe aussi des circonstances ou des périodes de la vie incontournables durant lesquelles s'installent des états de fatigue comme la durée de croissance pour les enfants et les adolescents, les examens scolaires et universitaires, les activités sportives intenses, les prises de responsabilités professionnelles. De même, la diminution des capacités physiques et intellectuelles qui apparaît avec l'âge, en même temps qu'un ralentissement des productions naturelles de substances reconstituantes, accentuent les asthénies.

L'organisme est obligé de puiser dans ses réserves sans trouver dans l'alimentation quotidienne les nutriments indispensables à une recharge de ses batteries, surtout si on ne s'alimente que lors des trois repas quotidiens traditionnels. Ainsi, comment faire si vous avez une fatigue subite à trois heures de l'après-midi ! Il semble difficile de devoir attendre le dîner pour attendre le coup de fouet indispensable !

La prise de stimulants naturels sous forme de compléments alimentaires liquides, en ampoules ou en gélules est d'une grande aide pour vaincre un coup de pompe passager ou une asthénie durable.

Ces suppléments étant composés de substances actives naturelles, ils sont d'autant plus assimilés avec aisance par l'organisme et agissent alors rapidement sur le coup de barre ou un état de fatigue plus profond.

Ainsi sont particulièrement recommandés les produits à base des éléments suivants : ginseng, gingembre, guarana, vitamine C, kiwi, noix de kola, thé de Ceylan (reconnu pour ses propriétés toniques), gelée royale, karkadé (originaire d'Egypte, cette plante comprend de nombreux composés phénoliques au grand pouvoir régénérant). Tous ces composants peuvent se prendre seuls ou associés. Attention quand même aux surdosages !

Souvent, pour permettre de conserver un dynamisme

constant et un tonus inaltérable, il est conseillé de prendre ses suppléments régulièrement afin d'avoir une action en profondeur sur l'organisme et de le reconstituer durablement.

Prenez des vitamines !

Plusieurs enquêtes ont montré récemment qu'un bon tiers des Français manquait de vitamines. Plus de 60 % de la population est déficiente en calcium, en fer et en magnésium.

Or les vitamines et les sels minéraux sont indispensables au bon fonctionnement de l'organisme. Des carences en ces " matières premières " du corps sont susceptibles d'affaiblir le système immunitaire, de favoriser et de provoquer des maladies pour les vitamines tandis qu'un manque de minéraux gêne le bon fonctionnement des processus biologiques du métabolisme.

La cause première de ces carences est évidemment une alimentation moderne où la notion de quantité a été privilégiée au détriment de celle de qualité. Si bien que nous mangeons trop d'une nourriture très pauvre !

Il convient donc comme première mesure de rétablir une alimentation équilibrée et variée, seule garante d'un apport régulier et suffisant en vitamines, sels minéraux et oligo-éléments.

Vous pouvez ajouter à cette mesure première un complément en nutriments indispensables à l'organisme pour combler et/ou compléter les déficiences.

Ainsi, sont notamment recommandés des ajouts sous

forme de cures de quelques semaines ou d'une façon régulière, par exemple, de magnésium, de vitamines A, du groupe B (notamment B1, B2, B6, B12), C (associée au ginseng, au guarana ou au gingembre si possible), D, E, PP, de calcium, de fer.

Se préserver des maladies cardiaques

L'alimentation joue un rôle considérable dans la prévention et la guérison des maladies cardiaques.

Parmi les garants de la bonne santé du cœur on trouve principalement les minéraux (surtout le calcium, le magnésium et le potassium) et les vitamines.

Les minéraux à la rescousse

Les minéraux (principalement) le magnésium et le potassium mais aussi le calcium jouent un rôle important dans la protection du cœur. Ils permettent en particulier de conserver un rythme cardiaque régulier.

Leur déficit (notamment pour le magnésium et le potassium) entraîne un certain nombre de troubles : arythmie, insuffisance cardiaque et augmente le risque d'infarctus et de malaises cardiaques.

Il importe de faire particulièrement attention à l'apport de magnésium et de potassium chez les sportifs notamment en cas d'effort intense et/ou de longue durée. Les carences magnésienne et potassique expliquent en particulier le syndrome de la mort soudaine si redouté même des sportifs en bonne santé et s'entraînant régulièrement.

De son côté, une insuffisance d'apport en calcium peut, quant à elle, provoquer des palpitations notamment chez les femmes ménopausées.

La vitamine E au secours du cœur

La vitamine E est indispensable au cœur à cause de son pouvoir vasodilatateur sur les coronaires (les artères irriguant le cœur) et de son action anticoagulante qui combat la formation de caillots dans les vaisseaux sanguins. Enfin, la consommation de vitamine E réduit les besoins du cœur et des tissus en oxygène.

La vitamine E permet en particulier de prévenir les infarctus et de servir de thérapie d'appoint à l'angine de poitrine.

Dans le cas de l'angine de poitrine, le rétrécissement des coronaires entraîne une oxygénation insuffisante du cœur. Ici, la propriété vasodilatatrice de la vitamine E peut s'exprimer.

Dans le cas de l'infarctus, celui-ci se déclenche à la suite de l'obstruction d'une artère coronaire encrassée ou rétrécie par un caillot. Ici, le pouvoir anticoagulant de la vitamine E est sollicité.

La prise de vitamine E est libre sans besoin d'une ordonnance médicale d'où la nécessité de bien se conformer à la posologie indiquée ou de consulter, si besoin est, un médecin en cas de doute.

Il est aussi possible d'effectuer des examens médicaux en laboratoire pour déterminer le taux des minéraux (calcium, magnésium et potassium) et de vitamine E présents dans les cheveux et le sang.

Retrouvez le sommeil

Si vous souffrez de troubles du sommeil persistants (difficultés à vous endormir, insomnies, réveils difficiles...), vous faites partie des 25 % de Français ayant des difficultés à connaître un repos réparateur si important pour aborder une journée de travail efficace dans des conditions optimales.

Il faut bien évidemment déterminer les causes de ces troubles qui résultent souvent du stress, de la fatigue nerveuse, des préoccupations et des soucis qu'on a du mal à résoudre ou des difficultés dont on n'arrive pas à venir à bout, du manque de sport ou d'activité physique...

Cependant, même une fois ces raisons détectées, cela n'améliore pas votre sommeil pour cela !

C'est un premier pas important mais si vous n'apportez pas à votre organisme les nutriments qu'il demande, rien ne changera, au contraire.

Aussi, il importe prioritairement de dormir à des heures régulières, de calculer votre quota d'heures de sommeil qui varie en fonction de chaque individu, d'aérer votre chambre régulièrement, de dîner légèrement et de ne pas consommer trop d'excitants comme le thé ou le café, surtout peu de temps avant d'aller vous coucher...

Mais aussi et d'abord de prendre des aliments ou des compléments alimentaires favorisant ce fameux sommeil réparateur auquel vous aspirez.

On peut citer les infusions à base d'anis, de basilic, de marjolaine, de millepertuis

Parmi les suppléments alimentaires, on peut conseiller le kawa-kawa (ou kava-kava) - (voir le chapitre " Compléments

Alimentaires ") qui est une plante des îles du Pacifique, telle la Polynésie. Le kawa-kawa est à la base d'une boisson traditionnelle permettant de se relaxer le corps et l'esprit, aidant à venir à bout du stress, de l'anxiété, de la nervosité tout en préparant un sommeil réparateur grâce à ses principes actifs, les kavalactones qui participent à la détente physique et psychique.

On trouve le kawa-kawa généralement en gélules végétales dans les pharmacies ou dans les magasins spécialisés. On peut le prendre pendant la période de stress et d'insomnie ou préventivement sous forme de cure de deux à trois mois maximum.

Pour se faire des cheveux

Nous possédons en moyenne cent mille cheveux qui croissent de 12 à 15 cm par an pendant une durée de cinq à six ans.

Ensuite, après un laps de temps d'environ trois à quatre mois, ils tombent et sont remplacés par d'autres.

Les ongles, de leur côté, poussent sans arrêt mais sur un rythme beaucoup plus lent. Un ongle a besoin d'environ six à huit mois pour pousser depuis sa base jusqu'à son extrémité.

Pour que les cycles de renouvellement de ces phanères (ongles et cheveux) soient réguliers, c'est-à-dire que votre chevelure et que vos ongles se renouvellent sans problèmes, il est important d'être en bonne santé générale. En effet, les cheveux et les ongles extraient de notre organisme par leurs racines leurs substances nutritives de base, notamment l'oxygène, les nutriments et les sels minéraux qui sont transportés par les capillaires sanguins.

Aussi, si vous n'apportez pas à votre corps ses nutriments essentiels, vous aurez beau entretenir extérieurement vos ongles et vos cheveux par différents cosmétiques (crèmes, shampoings, lotions, baumes...), ils ne pourront pas se régénérer normalement.

Aussi, observez régulièrement l'état de vos cheveux et vos ongles. Si vos ongles ont du mal à pousser ou deviennent cassants, mous, friables et si vos cheveux commencent à tomber, s'abîment, sont ternes ou gras...

Ce type de problème manifeste souvent les signes du déséquilibre biologique des composants fondamentaux de vos cheveux et de vos ongles.

Le fait de simplement prendre extérieurement soin de vos cheveux ne suffit pas même si vos produits cosmétiques sont d'origine biologique.

Un apport en compléments nutritionnels et une alimentation équilibrée suffiront à rétablir la dureté de vos ongles ou l'éclat de vos cheveux.

Cependant, si le problème persiste ou s'aggrave, n'hésitez pas à consulter un spécialiste.

Evitez les jambes lourdes

Il peut arriver qu'après une journée de travail, de courses ou d'activité physique, nous ayons les jambes lourdes. Cela est tout à fait normal à condition que ce phénomène ne perdure pas et surtout, qu'après une bonne nuit de repos, nous retrouvions un certain confort de marche sans douleurs.

Or, il arrive souvent que ce syndrome des jambes lourdes persiste ou dure plusieurs jours malgré de bonnes nuits de repos.

Le phénomène est simple à comprendre. Une fois tout l'organisme irrigué, le sang chargé de déchets emprunte le circuit des veines pour revenir au cœur. Or, du fait de la pesanteur, la circulation du sang en provenance des extrémités, et notamment des jambes, est ralentie. Normalement, la tonicité et l'élasticité des veines fait que le sang est poussé vers le haut.

À cause d'une trop longue station debout, d'un excès de poids, de conditions extérieures défavorables comme une trop grande chaleur, mais aussi d'une mauvaise nutrition de l'organisme, en particulier du réseau veineux, les veines deviennent moins toniques et leurs parois moins dynamiques. Cela crée le phénomène connu sous le nom d'insuffisance veineuse.

Conséquence : le sang a du mal à remonter vers le cœur, il stagne dans les veines, les jambes sont gonflées et lourdes. Il arrive que des oedèmes se créent à la suite de la pénétration du liquide plasmatique dans les tissus !

Afin d'améliorer la circulation et de redonner aux parois veineuses toute leur tonicité, il est conseillé de consommer notamment des oranges, des myrtilles, de la cannelle ou de prendre des infusions en contenant (souvent en association avec d'autres plantes comme de l'ortie ou de la vigne rouge).

Vous trouverez de telles infusions en pharmacie ou dans les magasins spécialisés. Si les troubles persistaient, même conseil que précédemment : consultez un spécialiste.

S'adapter aux saisons

Un bon comportement qu'il serait bon de remettre au goût du jour pour être toujours en bonne santé, éviter les maladies et apporter constamment à l'organisme les nutriments indispensables à son bon fonctionnement et à la robustesse du système immunitaire, est celui de l'adaptation aux saisons.

Notre civilisation de la consommation a entraîné la présence sur les rayons de tous les aliments tout au long de l'année. Nos ancêtres vivaient, quant à eux, de gré ou de force, au rythme des saisons.

Au niveau de l'alimentation, n'étaient disponibles que les aliments de saison (les oranges à Noël étaient rares). On se nourrissait en fonction des récoltes de l'année. La cuisine en tenait compte et s'appelait, pour cela, la cuisine de saison ou des quatre saisons.

A l'heure actuelle, dans notre ère d'abondance, combien de personnes, notamment parmi les jeunes générations, seraient capables de citer fruits et légumes de chaque saison ?

Cette adaptation, naturelle ou innée, chez nos ancêtres permettait à l'organisme de recevoir à chaque saison de l'année les nutriments adaptés.

De même, aujourd'hui encore, beaucoup de personnes âgés pratiquent d'instinct des cures de fruits et de légumes au début du printemps et de l'automne pour détoxiquer l'organisme et aborder la nouvelle saison avec un organisme régénéré.

Comme nous l'avons déjà souligné, l'intoxication de l'organisme suite à un processus digestif difficile, en particulier par un ralentissement du fonctionnement des émonctoires naturels, notamment le foie, est aussi une cause de fatigue notable.

Afin de purifier l'organisme et de renforcer votre système immunitaire, il importe de consommer des fruits et des légumes, notamment de la carotte (qui facilite la détoxification de l'organisme et l'élimination des déchets), du radis noir (qui accélère la digestion et stimule la vésicule biliaire et l'écoulement de la bile), du citron (riche en vitamine C et dépuratif efficace notamment des reins et du foie).

De la même façon, il convient de s'adapter aux rythmes de la nature et d'en respecter les cycles. De nombreuses méthodes alimentaires traditionnelles, comme la diététique chinoise en particulier, et actuelles inspirées par les médecines douces, en tiennent compte.

Il est important aussi de connaître ce processus paradoxal qui veut, qu'alors que la nature est au plus fort de son activité en été, notre propre biorythme est au plus bas et qu'alors que la nature sommeille en hiver, notre propre cycle est en pleine effervescence !

Vous avez dû constater ce phénomène même sans l'avoir analysé. Ainsi, en règle générale, nous mangeons plus pendant la saison froide tandis que nous allégeons souvent naturellement nos repas en saison chaude.

Toujours est-il qu'en vivant en quelque sorte sur un rythme opposé à celui de la nature, nous accélérons les phénomènes de fatigue et de maladies notamment en hiver et fragilisons encore plus nos organismes souffrant déjà de notre mode de vie urbain effréné, du stress et surtout d'une alimentation “ très riche mais trop pauvre ” en nutriments essentiels !

En particulier en hiver, notre corps déjà fragilisé devient

plus sensible au froid, notre système immunitaire affaibli a du mal à résister aux agressions des virus et des microbes. C'est en automne et en hiver que nous souffrons le plus de tous ces maux récurrents que sont les grippes, les affections de la sphère ORL (sinusites, rhinopharyngites, rhumes), des toux, des maux de gorge, des bronchites...

Pour adapter son corps et le fortifier à l'approche et au début en particulier de la saison froide, il est donc important de veiller à avoir une alimentation équilibrée, si possible de saison, c'est-à-dire composée des fruits et des légumes habituels à cette époque de l'année, de pratiquer une activité physique régulière, de prendre des vitamines et d'ajouter des compléments alimentaires à ses repas quotidiens adaptés, eux aussi, à la saison.

Pour passer l'hiver

Nous nous contenterons de conseils pour l'hiver car c'est la saison la plus délicate à aborder pour l'organisme. Nous conseillons donc les supplémentations à base... :

- de vitamine C permettant de résister à de nombreux microbes,

- de papaïne (principe actif de la papaye) parfois associée à la lysozyme, souvent disponibles sous forme de pastilles pour venir à bout des gorges irritées,

- d'eucalyptus pour dégager les voies respiratoires,

- de gelée royale et/ou de zinc, renforçant tous deux les défenses immunitaires,

- de thym connu pour son action antiseptique,

- de sprays à base d'eau de mer riche en oligo-éléments pour nettoyer et dégager les fosses nasales,

- d'inhalations destinées à nettoyer les voies respiratoires à base de tout ou partie des aliments guérisseurs suivants : cannelle (propriétés antiseptiques), réglisse (vertus adoucissantes et pectorales) et menthe propriétés antiseptiques), associés parfois à d'autres plantes comme du thym ou de l'eucalyptus,

- d'huiles essentielles d'eucalyptus, de sauge, de pin sylvestre, d'orange douce en combinaison les unes avec les autres ou avec d'autres huiles essentielles aux mêmes propriétés antiseptiques et calmantes

Protégez vos articulations et vos muscles

Vos articulations et vos muscles peuvent souffrir régulièrement ou épisodiquement des conditions extérieures : humidité, effort physique ou sportif prolongé par exemple. Cela peut se traduire par des maux de dos, des muscles douloureux et ankylosés, des courbatures, des crampes....

Les courbatures sont le résultat d'un travail musculaire trop intense. Le glucose qui doit fournir l'énergie au muscle se transforme en acide lactique par manque d'oxygène. Cet empoisonnement est souvent accompagné de douleurs et de raideurs musculaires.

Souvent le repos, une répétition du geste correct adapté à la situation (ainsi, il est préférable de s'accroupir le dos droit plutôt que d'arrondir le dos pour soulever une charge sous risque de douleurs musculaires et articulaires, voire de lumbago dans les cas graves.), un changement de matelas, des plans de travail ergonomiques... permettent de venir à bout de ces petits désagréments.

Il est recommandé toutefois dans de pareils cas de s'adjoindre l'aide d'aliments et de plantes guérisseurs pour s'en débarrasser plus rapidement.

Ainsi, des huiles de massage à base de pépins de raisin, de maïs peroxydé, d'essence de menthe, de coriandre ou d'orange en combinaison avec des huiles de lavande et de myrrhe, permettent de soulager des muscles contractés et des articulations douloureuses.

De même, des infusions à bases de cassis, de genièvre, et de pissenlit (excellents dépuratifs désencrassant les articulations) et d'ortie (reminéralisant de premier ordre permettant d'entretenir les articulations) sont fortement recommandées.

La santé de la femme

Bien plus que l'homme, la femme est sujette à de nombreuses variations physiologiques (premières règles, enfantement, allaitement, maternité, ménopause) qui nécessitent un traitement spécifique.

La femme moderne qui travaille et doit, en plus, s'occuper de son foyer, a peu de temps à consacrer à son fonctionnement interne si complexe. Ce qui fait qu'on observe une aggravation des maux féminins ou une mauvaise prise en charge de ceux-ci par celle qui est pourtant la première concernée.

Pour l'aider à surmonter tous les changements qu'elle connaît et à passer ces caps bien souvent difficiles, les compléments nutritionnels et les aliments guérisseurs peuvent jouer un grand rôle.

En phase de croissance

D'une façon générale, le squelette se forme et se minéralise jusqu'à vingt ans puis se renforce jusque vers la trentaine. Ensuite, il appartient à tout un chacun de gérer ce capital de base, notamment une déminéralisation progressive.

Pour l'entretien de son squelette et la consolidation osseuse notamment durant sa croissance, la femme peut s'orienter vers des aliments et des produits à base :

- de fluor qui assure la résistance des dents et des os,

- de silicium aidant à la fabrication des os et du cartilage,

- de calcium contribuant à la croissance et au renouvellement osseux,

- de magnésium et de vitamine C qui agissent en synergie sur la synthèse du collagène et la minéralisation osseuse.

Pendant ou à l'approche des règles

Le Yam permet de combattre ou de diminuer considérablement les troubles menstruels et les douleurs générés par les règles chez les femmes non ménopausées.

On dit souvent que les femmes sont très irritables à l'approche des règles.

Cette irritabilité peut être contrebalancée par un apport en acide folique qui permet de restaurer le bon fonctionnement du système nerveux central.

De même, il arrive que périodiquement une femme se sente faible, sans dynamisme. Ceci est dû en général à une carence en fer qui affaiblit l'organisme d'une façon générale et déprime son système immunitaire.

Dans ces cas, il est conseillé à la femme qui se sent faible de rechercher des aliments riches en fer ou des suppléments alimentaires composés tout ou en partie de fer et d'acide folique.

Pendant la ménopause

La ménopause et la période la précédant, la péri-ménopause, sont toujours attendues et vécues avec une certaine crainte par les femmes car cette phase de l'existence féminine est très désagréable, se manifestant notamment par un dérèglement hormonal plus ou moins important.

D'abord, les cycles se dérèglent à cause d'une insuffisance de progestérone, puis la femme connaît une phase de décroissance de la production d'oestrogènes ou hypoestrogénie.

Des troubles de la ménopause comme la mauvaise circulation sanguine, les bouffées de chaleur, les accès d'humeur et la fatigue sont décrits par les femmes comme extrêmement pénibles. Le renfort de nutriments précurseurs des prostaglandines permet la régulation des hormones sexuelles afin de retrouver un certain équilibre.

Des aliments comme le poisson mais aussi des compléments alimentaires à base de vitamines E, d'acide folique, de citroflavonoïdes, d'huile de chair de poisson très riche en DHA et EPA, d'huile de bourrache, de phospholipides, de bêta-carotène mais aussi de fer et de zinc sont recommandés.

Le soja, très consommé en Asie, par l'intermédiaire de ces principes actifs, les isoflavones, permet aux femmes asiatiques d'en ressentir les effets positifs sur leur peau, leurs organes sexuels et le taux de cholestérol en particulier.

De même, pour entretenir sa peau et empêcher son dessèchement, il est recommandé aux femmes de consommer des huiles de bourrache et d'onagre car elles sont riches en acide gamma-linolénique et en AGE (Acides Gras Essentiels). Elles aident au bon fonctionnement cellulaire et à la régulation du taux de cholestérol.

De son côté, le Yam, plante originaire du Mexique, grâce à son principe actif : la diosgénine, serait un protecteur contre les effets négatifs de la ménopause car il est considéré comme un précurseur végétal de la progestérone. Il permet de combattre les sautes d'humeur, les irrégularités et les douleurs du cycle ovarien mais aussi chez les femmes non ménopausées les troubles menstruels et les douleurs générés par les règles.

En ce qui concerne la déminéralisation de son squelette (voir ci-dessus, le paragraphe : " Pendant la croissance ") beaucoup plus importante que chez l'homme, la femme connaît notamment avec l'arrêt de la production d'oestrogènes à la ménopause une baisse majeure de sa densité squelettique.

Afin de compenser cette perte, qui peut dépasser les 40 % de sa masse osseuse à un âge avancé, la femme doit privilégier une alimentation à base de calcium et d'oligo-éléments, notamment de silicium, de magnésium, de fluor... D'où l'importance d'une " supplémentation " qui seule peut combler les lacunes de notre alimentation moderne.

Les boissons énergétiques

L'activité intense de l'homme moderne, notamment la pratique sportive, entraîne une diminution rapide de ses réserves d'énergie qui se traduit notamment par une déshydratation accrue, une accélération des pertes minérales, une élimination de déchets plus importante...

On a vu apparaître depuis ces dernières années de nombreuses boissons dites énergétiques pour pallier ces inconvénients.

Il existe ainsi sur le marché de plus en plus de boissons énergétiques à base de mélanges de fruits et/ou de substances diverses : taurine (un acide aminé), guarana, galangal, caféine, taurine...

Elles sont destinées à préparer, à soutenir l'effort physique ou psychique ou à restaurer les réserves énergétiques de l'organisme.

Ce que l'on sait moins c'est qu'il peut exister un antagonisme entre ces boissons énergétiques et la prise de médicaments. Ainsi en est-il du jus de pamplemousse qui selon plusieurs études pourrait augmenter la concentration hématique de certains médicaments.

Aussi, par précaution si vous suivez un traitement médical, demandez l'avis d'un médecin avant de consommer ces fameuses boissons énergétiques pour éviter toute interaction médicamenteuse.

Parmi ces boissons énergétiques, la plus fameuse d'entre elles, le Coca-Cola, est aussi la plus controversée. Certains lui trouvent des vertus thérapeutiques et diététiques. Notamment à cause de la caféine qu'il contient, il jouerait un rôle dans l'élimination des graisses et dans la dynamisation du corps et de l'esprit. Certains médecins le conseillent même en cas de maux de tête, de problèmes gastriques (alors que certaines rumeurs infondées l'accusent de provoquer des aigreurs voire des ulcères d'estomac si on le consomme à haute dose) ou de nausées.

Du point de vue de sa composition, même si sa formule exacte est secrète, les analyses montrent que le Coca-Cola ne fournit que des calories vides, c'est-à-dire dépourvues de tout principe nutritif. Il contient entre autres de l'acide carbonique (générateur occasionnel d'aigreurs et de ballonnements), des additifs chimiques, des phosphates, des sucres cariogènes (générateurs de caries)…

Ce constat accablant est à prendre avec précaution car, encore une fois, il faut rappeler que la véritable composition du Coca-Cola est inconnue.

Il existe en fait une infinité de boissons énergétiques. A vous de les tester et de constater leurs effets par vous-même au niveau psychique et physique. Voyez si elles vous permettent de bien vous préparer à l'effort, si elles vous hydratent et autorisent une bonne récupération de vos forces et de vos réserves pendant et après l'exercice.

Il faut se méfier des mentions “ boissons énergétiques ”, “ boissons énergisantes ”, “ energy drinks ”… apposées sur un certain nombre de boissons censées soutenir l'effort car en réalité la plupart d'entre elles contiennent surtout des sucres et des substances excitantes (guarana, galangal, caféine, kola…).

Si vous cherchez véritablement des boissons susceptibles de vous préparer et vous soutenir pendant l'effort ou de vous aider à reconstituer vos réserves énergétiques, tournez-vous alors plutôt vers les “ boissons (glucidiques) de l'effort ” plus spécialement fabriquées dans ce but.

En effet, leur concentration spécifique en oligo-éléments et en minéraux fait que l'eau se maintient plus longtemps dans l'organisme, notamment dans le système circulatoire.

Ces boissons de l'effort sont donc particulièrement adaptées si vous devez effectuer des efforts prolongés accompagnés d'une grande sudation.

En effet, d'après une règle scientifique, la baisse de performance d'un sportif (qu'il soit professionnel ou " du dimanche ") est proportionnelle au poids perdu en transpiration. Autrement dit, une perte de 3 % du poids corporel suite à une sudation trop intense entraîne une diminution de 30 % des performances.

Ainsi, les boissons glucidiques de l'effort permettent l'apport :

- d'eau indispensable aux multiples réactions chimiques de l'effort, au transport des nutriments vers les cellules, à l'élimination des déchets du métabolisme, à l'évacuation par la sueur de la chaleur produite par l'effort,

- de minéraux et de vitamines qui améliorent la récupération et facilitent l'utilisation des glucides,

- de glucides qui sont le support essentiel de l'effort, de l'amélioration de la performance sportive et de la récupération des réserves énergétiques.

Afin d'être assuré que les boissons que vous achetez soient bien énergétiques et non des succédanées ou des imitations utilisant abusivement cette appellation, assurez-vous qu'elles contiennent bien les composants suivants :

- des glucides sous forme de glucose, de fructose ou de saccharose et des maltodextrines ou polymères de glucose,

- des vitamines B1 et C,

- des sels minéraux, notamment du sodium et du potassium.

De plus, ces boissons doivent avoir un PH compris entre 6.6 et 7 et être isotoniques ou hypotoniques.

Antioxydants et radicaux libres

L'oxygène, s'il est bien sûr indispensable à la vie peut s'avérer également toxique dans la mesure où il secrète aussi des radicaux libres qui en sont des dérivés et qui agressent nos cellules.

Notre corps n'est cependant pas sans défenses contre ces redoutables ennemis car il fabrique des antioxydants qui éliminent les radicaux libres.

Il peut pourtant arriver que ces derniers prennent le dessus à cause d'un certain nombre de facteurs : alimentation déséquilibrée, cancers, exercices physiques trop poussés, tabagie et sa fumée, maladies cardiovasculaires, pollution atmosphérique, abus des UV (trop d'exposition au soleil)...

Le corps peut se retrouver rapidement débordé, l'alimentation constitue alors une “ supplémentation ” essentielle et indispensable d'antioxydants.

Pour avoir des apports suffisants d'antioxydants, il convient d'avoir une alimentation équilibrée et variée et de consommer des céréales complètes, des fruits (un par repas), des légumes, de l'huile d'olive (une cuiller à soupe au moins par jour)... et un verre de vin rouge de temps en temps !

Parmi les principaux antioxydants que nous trouvons dans nos aliments, citons les caroténoïdes, le lycopène, le magnésium, les polyphénols, la vitamine C, la vitamine E, le zinc.

Les vitamines C, E et le sélénium (voir le chapitre : Compléments alimentaires) sont néanmoins les antioxydants les plus efficaces.

On trouve ces trois éléments principalement dans les céréales complètes (blé, pâtes, riz, orge, millet, son), le germe de blé, le pain complet, les fruits frais, oléagineux et secs, les légumes frais et secs, la levure de bière.

Les maladies nutritionnelles

Il n'est pas inutile dans le cadre de cette étude sur les aliments guérisseurs de rappeler à quoi chacun d'entre nous s'expose s'il ne respecte pas les règles élémentaires de la nutrition, que cela soit par sous ou suralimentation.

En effet, il n'est pas nécessaire d'habiter un pays du tiers-monde pour souffrir de malnutrition même s'il est évidemment difficile de mettre sur le même plan les problèmes d'alimentation subis des pays en voie de développement, dus principalement à un manque d'apports nutritionnels, et ceux que nous connaissons dans les pays développés, surtout causés par une alimentation industrielle peu respectueuse des règles élémentaires de la diététique mais aussi par une méconnaissance du commun des mortels des principes nutritionnels de base.

Si l'on considère la malnutrition comme la conséquence néfaste d'une alimentation inadaptée aux besoins de l'organisme, on peut alors l'appliquer au monde occidental.

La sous-alimentation

Celle qui est connue par les pays du tiers-monde et par certaines contrées pauvres d'Occident est le résultat d'une dénutrition provoquée par une sous-alimentation chronique plutôt que, comme c'est le cas chez nous, par l'ingestion d'une alimentation non-adaptée ou dénaturée.

Il y a carence d'apport global si tous les groupes (principalement glucidique, protidique et lipidique) de l'Apport Journalier Recommandé (AJR) sont lésés en proportions identiques. Ce qui est le cas dans les pays en voie de développement et partiellement en Occident.

Il y a carence d'apport sélectif si simplement certains de ces groupes de l'AJR sont touchés par des manques. Ce qui est presque toujours le cas en Occident.

Les maladies en résultant sont effectivement aussi variées que les carences d'apport peuvent l'être.

La malnutrition la plus grave est sans conteste la malnutrition protidique, notamment si elle touche des enfants en pleine croissance. Elle provoque une maigreur souvent extrême avec une atrophie des masses musculaires, une diminution considérable voire une disparition des tissus adipeux, un ralentissement psychomoteur, un affaiblissement du système immunitaire, des troubles diverses mais surtout une grande apathie ou une asthénie pouvant devenir chronique.

Un état fébrile constant ou irrégulier fait alors le lit de la plupart des maladies ou affections qui, de plus, ne rencontrent que très peu de résistances dans des corps débiles, donc dans des esprits affaiblis. De simples affections courantes peuvent alors devenir mortelles dans les cas d'extrême malnutrition.

Une malnutrition protidique s'accompagne souvent d'une carence en fer et en acide folique. Les anémies se développent alors. Ces affections se manifestent par la baisse du taux d'hémoglobine dans le sang (au-dessous de 13 gr pour 100 ml de sang chez l'homme et de 12 gr pour la femme). L'hémoglobine est un pigment des globules rouges dont l'un des composants essentiels est le fer. Son rôle est de transporter l'oxygène vers les cellules de tout l'organisme d'où l'importance que l'hémoglobine contienne suffisamment de fer !

L'avitaminose est la deuxième carence nutritionnelle la plus importante après la malnutrition protidique. En effet, le manque d'un apport régulier des vitamines indispensables à l'organisme peut avoir de fâcheuses conséquences :

• l'avitaminose A provoque des troubles oculaires plus ou moins importants pouvant même entraîner la cécité.

• l'avitaminose B (béribéri) a pour conséquence des troubles musculaires, en particulier myocardiques et nerveux.

• l'avitaminose PP (pellagre) provoque des troubles cutanés et digestifs.

• l'avitaminose C (scorbut) se traduit par des hémorragies.

• l'avitaminose D aboutit au rachitisme.

Rassurez-vous. De nos jours, on en arrive rarement à ces extrémités même dans les pays en voie de développement mais il convient néanmoins d'être vigilant à vos apports en protides, glucides, lipides, sels minéraux, vitamines pour éviter de créer des états fébriles propres non seulement à vous affaiblir, mais aussi à favoriser le développement des maladies et affections de toutes sortes.

La suralimentation

Cette forme de désordre nutritionnel est en revanche typique des pays développés bien qu'elle ne dédaigne pas non plus les couches aisées des populations en voie de développement. On s'inquiète aussi depuis une vingtaine d'années du développement incroyable de l'obésité, notamment des enfants dans les contrées occidentales.

Bien que différente dans son principe de la sous-alimentation, la suralimentation peut entraîner, proportionnellement, des maladies aussi graves, voire mortelles.

L'obésité, principal signe d'une société suralimentée, ne progresse pas seule mais s'accompagne généralement d'une série de symptômes, de maladies et de troubles métaboliques très graves comme le diabète, le cholestérol, l'hypertension, l'athérosclérose...

CHAPITRE VIII

Perdre du poids... sans le reprendre !

Il ne manque pas de régimes “ miracle ” en tous genres pour perdre du poids. Un livre ne suffirait pas à tous les recenser... ni les désillusions qu'ont connues de nombreuses personnes les ayant essayés.

Il n'est pas question ici de préconiser un régime plutôt qu'un autre mais de donner des indications générales devant fonder une démarche destinée à se débarrasser des quelques kilos superflus gênants pour des raisons pratiques, esthétiques ou autres.

L'échec des régimes habituels vient du fait qu'ils sont trop standardisés et ne tiennent pas compte des spécificités de chacun.

Un régime “ clé en main ” peut entraîner des dommages physiologiques car il ignore les besoins de base de votre organisme, sans parler des coups de fatigue et des baisses de tensions parfois graves que peuvent provoquer des méthodes trop générales ou superficielles qui, de plus, se préoccupent rarement de l'après régime, période la plus délicate dans toute tentative de perte de poids. C'est souvent là que le bât blesse.

En effet, une fois un régime terminé, peu de méthodes indiquent la conduite à tenir et les périodes post-régimes sont souvent terribles. Il arrive qu'elles se soldent par une prise de poids supérieure à celui que vous aviez perdu pendant votre régime. Ces kilos alors bien ancrés dans votre corps sont très difficiles à perdre sans compter le coup au moral de celui qui constate l'échec de sa tentative de diète et qui souvent n'a plus le courage d'entreprendre un autre régime.

Pourtant si vous suivez les quelques conseils ci-dessous, non seulement vous n'aurez pas de mal à supporter votre régime mais, bien plus, vous arriverez parfaitement à contrôler votre poids après l'avoir achevé.

Il faut d'abord être vraiment motivé et ne pas agir sur un coup de tête ou parce que vous venez de lire un article dans un magazine vantant les mérites de tel ou tel régime. C'est le plus sûr moyen de courir à l'échec.

La première question à se poser est : " est-ce que j'ai vraiment besoin de suivre un régime ? Si oui, pourquoi ? "

Méfiez-vous des mises en condition de la société. Si les magazines " People " nous présentent actuellement un modèle de femme longiligne et maigre (pour ne pas dire plus), sachez que ceci n'est qu'une mode.

Par exemple, si vous aviez vécu dans les années 1920, vous auriez au contraire essayé d'être ronde et d'avoir la peau laiteuse car tels étaient les critères de l'époque !

Aussi, réfléchissez bien, avant de vous lancer dans un régime, sur vos motivations exactes.

Après tout, de nombreuses personnes bien en chair, ayant un " petit ventre ", mais fort voluptueuses, vivent très bien leur vie !

Tant que le poids d'une personne n'est pas un danger pour sa santé, si elle se sent bien dans sa peau, elle n'a aucune raison de changer.

En revanche, si votre surcharge pondérale est à l'origine de problèmes psychiques (vous ne supportez plus de vous regarder dans un miroir, vous souffrez de votre manque de séduction, vous avez honte de votre corps...) mais surtout si votre excès de poids vous cause des ennuis physiques (manque d'endurance, essoufflement, trouble cardiaques, usure des vertèbres ou des disques intervertébraux provoquant lumbagos, sciatiques et autres problèmes articulaires...), vous seriez bien inspiré de changer votre régime alimentaire.

Maigrir en mangeant !

Dans un premier temps, si les désagréments physiques ou psychiques causés par votre obésité ne sont pas encore trop graves, il suffira de modifier tout simplement vos habitudes alimentaires Ne parlons pas de passer immédiatement à une diète stricte.

C'est une règle si simple que de nombreux régimes omettent de la rappeler, pour des raisons commerciales qu'on devinera aisément : une alimentation équilibrée ne fait jamais grossir, voire même peut faire perdre du poids !

C'est d'une telle évidence d'un point de vue diététique que les créateurs des différents régimes se gardent souvent de le rappeler.

Encore une fois, cet ouvrage, même s'il traite des aliments guérisseurs, n'est pas un manuel d'amaigrissement ni un ouvrage de diététique au sens strict du terme. Il dresse plutôt un tableau des aliments susceptibles de vous conserver en bonne santé le plus longtemps possible, voire d'augmenter votre longévité.

Cependant, si vous suivez déjà les conseils prodigués tout au long de ces lignes, vous arriverez à maîtriser votre alimentation quotidienne, et accessoirement, mais de façon quasi automatique, bien que ce ne soit pas le but de l'auteur, à ne pas prendre de poids, voire à en perdre !

Commencez déjà par cette étape élémentaire. Nul besoin de vous lancer tête baissée dans des régimes draconiens souvent à l'origine de carences et, par conséquent, de fatigue physique et psychique pouvant déboucher sur des problèmes de santé.

Mangez de tout, en quantités limitées, en fonction de vos besoins quotidiens que vous êtes le seul (ou la seule) à connaître.

Le principe est simple : ingérez le nombre de calories dont vous avez besoin, ni plus, ni moins.

Si vous n'en consommez par assez pour satisfaire les besoins de votre métabolisme, votre organisme puisera dans ses réserves, vous affaiblissant encore plus, voir créant des lésions irréversibles notamment à vos tissus et à vos muscles si votre apport est par trop insuffisant.

Si vous en consommez trop, le corps les stockera sous forme de graisses (même les sucres excédentaires sont transformés en graisse) dont il deviendra de plus en plus difficile de se débarrasser avec le temps et l'âge, générant aussi de nombreuses maladies (cholestérol, problèmes cardiaques, usure prématurée du squelette, notamment des articulations...), vous laissant dans un état débile pouvant même écourter votre séjour en ce monde.

Rappelons enfin que l'objectif d'un corps sain dans un esprit sain se découvrira dans l'habile combinaison entre un régime alimentaire varié et une pratique régulière d'un sport ou d'une activité physique.

Un petit déjeuner de roi, un déjeuner de prince et un dîner de pauvre !

Aussi à la base, avant de vouloir suivre un régime, il importe d'équilibrer son alimentation, de respecter le rythme des trois repas quotidiens (quatre si vous ajoutez un goûter qui n'est pas réservé uniquement aux enfants mais peut aider à refaire le plein d'énergie alors que le repas du soir est encore loin, à un moment de la journée où nous sommes souvent au plus fort de notre activité physique et intellectuelle).

Une formule célèbre dit qu'il faut faire : “ un petit déjeuner de roi, un déjeuner de prince et un dîner de pauvre ”. Elle résume assez bien les principes d'une alimentation équilibrée.

Tout d'abord, ne sautez jamais le petit déjeuner car c'est le repas quotidien le plus important dans la mesure où il vous prépare et conditionne la journée à venir. En anglais d'ailleurs, petit déjeuner se dit “ breakfast ” ou “ briser le jeûne ”, formule qui résume assez bien le fait que vous n'avez pas mangé depuis le soir précédent, soit huit heures en moyenne !

Si vous vous passez de petit déjeuner, vous porterez ce laps de temps à douze heures sans manger jusqu'au déjeuner !

Ce deuxième repas de la journée doit servir à reconstituer vos réserves pour aller jusqu'au souper, Il ne doit pas être trop copieux ni trop alcoolisé pour ne pas surcharger le travail de digestion qui, s'il est trop important, provoque des phénomènes de somnolence toujours désagréables surtout si vous travaillez en équipe ou si vous avez justement une réunion l'après-midi ! Sans parler de l'ingestion abusive d'alcool (pas plus d'un verre ou deux au déjeuner) qui augmentera votre apathie et qui gênera l'élimination des graisses.

Si votre déjeuner vous semble trop juste, vous pouvez éventuellement, comme nous l'avons déjà précisé, prendre un goûter léger vers 15-16 h, c'est-à-dire par exemple quelques galettes de blé et un jus de fruit qui vous apporteront les glucides nécessaires à l'énergie dont vous avez besoin.

Enfin, le dîner doit être léger pour ne pas surcharger le travail de digestion, ne pas perturber l'arrivée du repos réparateur si important pour recharger vos batteries jusqu'au lendemain matin et pour éviter les endormissements difficiles, les insomnies, les lourdeurs d'estomac...

De même, prenez le temps de bien mastiquer vos aliments pour faciliter le travail de la digestion car un repas hâtivement avalé ne peut que gêner le processus digestif. Celui-ci, n'ayant pas pu se faire ou s'étant réalisé incomplètement, provoquera automatiquement le stockage des graisses, des toxines et des déchets.

Parmi les plantes et aliments qui accompagnent le rééquilibrage de votre alimentation, aident à une meilleure assimilation des aliments et au retour d'un ventre plat, on peut citer en combinaison ou en association avec d'autres plantes : les enzymes comme l'amylase et la papaïne, les ferments et les levures lactiques.

Si toutefois pour des raisons psychologiques ou autres, vous aviez néanmoins du mal à perdre et/ou à stabiliser votre poids, pratiquez plus assidûment et régulièrement les conseils fondant une alimentation équilibrée décrits tout au long de cet ouvrage.

Détoxiquer votre organisme avant le régime

Avant de vous attaquer à votre régime minceur, il est important d'effectuer un nettoyage de votre organisme car l'élimination a un rôle fondamental dans la perte de poids, notamment un bon fonctionnement des organes émonctoires (foie et reins en particulier).

Pour faciliter l'élimination naturelle, n'oubliez pas non plus de boire beaucoup de liquides et principalement de l'eau, au moins un litre et demi d'eau par jour, jusqu'à deux à trois litres en fonction des organismes, de la saison (on boira évidemment plus en été) et de votre activité physique.

Vous pouvez ajouter des plantes aux qualités détoxifiantes et diurétiques éprouvées comme la queue de cerise, le maté, le pissenlit, le romarin, le thé vert et le kinkéliba dont nous avons vanté les vertus dans cet ouvrage.

La " supplémentation " minceur

Vous pouvez aussi supplémenter votre alimentation avec les conseils " aide-minceur " çi-dessous :

• il existe des cures de drainage minceur à partir, par exemple, de plantes exotiques aux capacités lipolytiques (brûleuses de graisses) affirmées comme le maté, boisson originaire d'Amérique latine riche en caféine (voir aussi ce terme dans le chapitre Les Aliments Guérisseurs), le kinkéliba, originaire de l'Océan Indien, riche en polyphénols qui draine les toxines et empêche la rétention d'eau, le thé vert, en provenance d'Asie qui aide à brûler les graisses stockées. Ces plantes se trouvent en association ensemble ou avec d'autres plantes.

• pour retrouver un ventre plat, vous trouverez des combinaisons d'enzymes naturelles comme la papaïne et l'amylase qui facilitent l'assimilation des aliments pendant la digestion et de ferments et de levures lactiques qui permettent le renouvellement de la flore intestinale tout en faisant disparaître les ballonnements.

• pour faire disparaître des amas adipeux localisés (cuisses, hanches, fesses), des produits “ minceur ” ont été fabriqués, souvent sous forme de gélules combinant des principes extraits par exemple de l'ananas, limiteur de l'absorption des graisses, et du vinaigre de cidre qui brûle les excès de lipides dans l'organisme. Il est aussi possible grâce à des infusions de drainer l'organisme et se débarrasser des excès d'eau localisés qui provoquent souvent, en plus, des sensations de lourdeur. Ces produits sont à base de queue de cerise et de pissenlit, deux aliments guérisseurs aidant à l'élimination de l'eau dans les tissus, d'aubier de tilleul aux vertus diurétiques et de romarin, détoxinant des reins et du foie en particulier.

• d'autres infusions servent plutôt à mincir sur la durée et surtout à maintenir le poids désiré. Ils sont à base de plantes comme le thé vert aidant à l'élimination des graisses, la verveine, la menthe et le romarin, tous trois facilitant la digestion, et de cynorrhodon aux propriétés diurétiques.

• de même, le thé vert, déjà vanté plus haut, peut aussi se consommer en cures de gélules car il contribue grandement à l'amaigrissement.

Après le régime

N'oubliez pas, pendant et après votre régime ou votre cure, qu'une alimentation à nouveau trop riche en graisses et déséquilibrée mais aussi le manque d'exercice favoriseront le retour des graisses perdues voire une prise de poids supplémentaire.

De même, certains amas graisseux, une fois formés et implantés dans certaines parties du corps (hanches, cuisses, ventre, fesses), sont très difficiles à déloger, notamment avec l'âge. Ce sera plus difficile de s'en débarrasser à cinquante ans qu'à trente !

Ces rondeurs disgracieuses touchent notamment les femmes et sont en général difficiles à éradiquer car elles s'accompagnent d'une rétention d'eau, d'où la nécessité de combiner des produits brûleurs de graisses (comme l'ananas, le vinaigre de cidre, le thé vert) et d'autres capables de s'attaquer à ces retenues aqueuses, connus pour leurs propriétés dites désinfiltrantes, comme le cynorrhodon.

Aussi, une fois la durée officielle de votre régime achevé (il doit toujours être limité dans le temps), évitez de reprendre vos mauvaises habitudes alimentaires et complétez une alimentation variée et (ré)équilibrée par des aliments et des plantes mangeurs de mauvaises graisses, qui empêchent la rétention d'eau, détoxinent l'organisme... en cures ou quotidiennement.

Testez les différents produits, aliments et suppléments adéquats décrits ici et trouvez ceux qui vous sont le plus adaptés. Vous découvrirez ainsi vous-même votre propre régime minceur.

CHAPITRE IX

A la recherche de l'éternelle jeunesse

La recherche de l'éternelle jeunesse est un des grands mythes de l'humanité. Si nous avons réussi à repousser les limites de la vie, il n'est pas encore question de pouvoir vaincre la mort.

Notre corps est matière périssable et doit comme toute matière disparaître un jour. Nous ne pouvons que repousser l'échéance... à condition de vivre longtemps mais en bonne santé.

Là est la question ou plutôt le problème car si notre société occidentale a réussi à améliorer les conditions d'hygiène et à faire progresser la recherche médicale, on constate que, si nos contemporains ont plus de chances de vivre plus vieux que leurs parents ou leurs grands-parents, en revanche, il est hasardeux de prévoir dans quel état de santé peut se dérouler cette vieillesse qu'on nous annonce dorée.

En effet, s'il y a de plus en plus de personnes âgées dans nos sociétés modernes, la plupart parviennent à un âge avancé souvent en mauvaise condition physique quand elles ne sont pas complètement dépendantes de leur environnement et de la société.

Parmi les facteurs expliquant cette dégradation progressive, figure en première position l'alimentation moderne si dépourvue de nutriments. Ils sont d'autant plus essentiels qu'avec l'âge le corps en a de plus en plus besoin alors qu'il devient progressivement incapable de produire ses propres défenses.

Cependant, nous ne nous étendrons pas plus sur ce concept développé tout au long de cet ouvrage mais plutôt sur les moyens de prévenir et de compenser les carences des personnes approchant de la retraite ou déjà inactives. D'un point de vue professionnel s'entend, car la mise à l'écart du monde du travail ne signifie pas, fort heureusement, la fin de la vie comme cela l'était il y a encore quelques dizaines d'années.

On a en effet pu se rendre compte qu'un des facteurs d'accélération du vieillissement, et par voie de conséquence de décès des personnes écartées de la vie professionnelle, était l'inactivité.

A contrario, des recherches récentes ont démontré que les individus ayant continué des activités physiques, intellectuelles, sociales... après leur retraite semblaient moins affectés physiquement et psychiquement par le phénomène de sénescence.

Bref, mesdames et messieurs les seniors, ou qui vous préparez à l'être, plus vous vous occuperez le corps et l'esprit et moins vous avez de chance de devenir gâteux ou sénile !

Dans ce contexte, l'alimentation joue un très grand rôle. Il convient de ne pas attendre d'entrer dans le club des personnes âgées mais de s'y préparer bien avant car, souvent, il sera alors trop tard pour rectifier le tir.

Comme disait un de mes amis : “ On commence à mourir à la naissance ! ” Sans faire de cette sentence un principe premier, il conviendrait néanmoins de ne pas oublier cette maxime de bon sens pour ne pas avoir un jour à dire “ il est trop tard ! ”

La nourriture de préparation à la vieillesse ou de la vieillesse n'est en fait pas très différente de celle recommandée aux adultes dans la mesure où une alimentation équilibrée fournissant tous les nutriments essentiels au corps est la meilleure préparation possible à une vieillesse calme, heureuse et en bonne santé.

Le troisième âge et les radicaux libres

Il n'est pas inutile cependant d'insister sur une composante spécifique de cette alimentation idéale, à savoir les aliments et les suppléments apportant beaucoup d'antioxydants afin de combattre ces si néfastes radicaux libres, les principaux responsables du vieillissement (pour plus de renseignements à ce sujet, lire ou relire plus haut le paragraphe " Antioxydants et radicaux libres ").

Rappelons que les radicaux libres sont constitués de molécules instables entraînant une dégradation des membranes cellulaires. Ce qui provoque à plus ou moins long terme une baisse du niveau de défense du système immunitaire, donc une plus grande fragilité face à la maladie.

Ce phénomène est accentué par les conditions de la vie moderne : stress, compétitivité, pollutions diverses, changement très rapide des conditions de vie, des mentalités...

Avec l'âge, la production des radicaux libres responsables du vieillissement augmente en même temps que les capacités de l'organisme à s'auto-réparer diminuent !

Autrement dit, le développement de processus oxydatifs, c'est-à-dire de dégradation des cellules, des organes et des tissus, s'accélère tandis que notre corps dispose de moins de défenses et de ressources pour s'y opposer.

Les principaux moyens de protection contre ces oxydations novices sont des agents antioxydants et des enzymes réparatrices comme entre autres : les vitamines E et C bêta-carotène, l'acide urique, le glutathion, le cuivre, le fer, le sélénium, le manganèse, le zinc, les peroxydases... En fait, il existe des enzymes de réparation spécifiques à chaque dégradation.

Parmi les substances destructrices de radicaux libres, on peut citer la mélatonine ou hormone pinéale dont l'action est cependant très controversée. En l'absence d'arguments convaincants pour l'instant, il est difficile d'abonder dans un sens ou dans l'autre, c'est-à-dire d'accréditer ou de discréditer cette thèse.

Attention aux excès d'anti-oxydants

Il est évident que, logiquement, les constatations précédentes conduisent à préconiser une “ supplémentation ” en antioxydants pour compenser leur disparition progressive avec l'âge.

Cependant, il ne faudrait pas verser dans l'extrême et passer à un excès d'anti-radicaux libres en en ingérant des dosés élevées.

D'un part, il n'est pas inutile de préciser, et cela peu de publications ou d'articles consacrés aux radicaux libres le font, trop obnubilés à en dénoncer les dangers, que ceux-ci sont indispensables à l'organisme. C'est, en fait, leur surproduction par l'organisme qui s'avère néfaste.

Ainsi, une ingestion excédentaire d'antioxydants extérieurs au corps peut inhiber le fonctionnement du système antioxydant endogène, c'est-à-dire interne à l'organisme, et laisser les cellules fort démunies en cas d'attaques brutales des radicaux libres !

Ainsi, paradoxalement, un excès d'apports d'antioxydants externes provoque au bout d'un certain laps de temps, une augmentation du phénomène d'oxydation cellulaire !

D'où la nécessité, de ne commencer une supplémentation en antioxydants que vers quarante-cinq ou cinquante ans et si possible de ne le faire qu'à doses nutritionnelles. Au moindre doute ou dans le cas d'une cure régulière, consultez un médecin nutritionniste ou nutrithérapeute, de préférence, sinon un naturopathe ayant des compétences en diététique.

Pour une bonne mémoire

Un des meilleurs antioxydants est le Gingko Biloba (voir ce mot dans le chapitre : Les Compléments Alimentaires) qui, rappelons-le, agit sur les radicaux libres tout en ayant une action bénéfique sur la circulation sanguine cérébrale. Il contribue en particulier à conserver une bonne mémoire.

Le Ginseng (voir ce mot dans le chapitre : Les Compléments Alimentaires) est l'autre pilier anti-âge grâce au tonus qu'il insuffle et à l'allongement de la durée de vie qu'il autorise.

Conserver une bonne vue

Nos yeux sont une des grandes victimes de l'éclairage moderne. Les néons, les lumières artificielles, la pollution atmosphérique, la conduite de nuit sur des routes pas ou insuffisamment éclairées, les stations prolongées devant les écrans d'ordinateurs et de télévision sont les principaux " prédateurs " actuels de notre vision.

Cela peut aller des simples picotements passagers à une quasi-cécité en passant par des stades intermédiaires : rougeur, larmoiement, perception floue, difficulté de fixation, baisse importante de l'acuité visuelle…

De même, avec le temps qui passe ou l'âge, la situation ne s'arrange pas, les conséquences néfastes de l'éclairage moderne sur notre vue ne font que s'accentuer tandis que l'organisme perd progressivement ses pouvoirs d'autoréparation. Conséquence : notre acuité visuelle peut décroître rapidement.

Il est donc important en plus de l'apport de l'alimentation biologique d'ajouter des suppléments nutritionnels riches en anthocyanosides, bêta-carotène, phospholipides, vitamine E, zinc, chrome. Ceci pour améliorer notre acuité visuelle.

Pour la fatigue oculaire, il est conseillé de consommer des myrtilles, du cassis et du citron ou des préparations naturelles, en ampoules, par exemple, en contenant.

Combattre le cholestérol et préserver la circulation artérielle

Le cholestérol n'est pas notre ennemi car il a pour fonction de faciliter la digestion, de nourrir les cellules et d'aider à la synthèse des hormones.

Ce bon cholestérol (HDL) est en revanche néfaste quand son taux devient trop élevé souvent à cause d'une alimentation trop riche en sucres et en graisses. Il se transforme alors en LDL ou mauvais cholestérol qui peut être à l'origine de maladies cardio-vasculaires parfois très graves.

La maîtrise du cholestérol passe par une bonne hygiène

de vie, notamment par la pratique régulière d'une activité physique mais aussi et surtout par une alimentation équilibrée basée sur des aliments ou des suppléments riches en composés soufrés, en antioxydants et en Omega 3, composés que l'on peut trouver dans l'huile de chair de poisson des mers froides riches en EPA et DHA, dans la vitamine E et les polyphénols de raisin.

De même l'ail, favorisant la fluidification du sang, et l'huile de noisette, riche en AGE (Acides Gras Essentiels), contribuant à la diminution des graisses dans le sang, sont également de précieux alliés, consommés au naturel ou dans des préparations sous forme de capsules les associant d'ailleurs parfois.

Garder la forme

Parmi les infusions destinées à garder une bonne forme physique et intellectuelle, signalons en particulier celles à base de thym (tonique général), de romarin (tonique), de mélisse (souveraine contre les faiblesses intellectuelles et physiques) et bien sûr de ginseng, un des meilleurs stimulants qui soit.

Maîtriser sa prostate

Les troubles de la prostate sont un des gros problèmes de l'homme, une fois la cinquantaine atteinte. Vers la soixantaine, un homme sur deux en souffre ! La vessie augmente de volume à cause du vieillissement, du stress, des conditions de vie déséquilibrées mais aussi d'une alimentation inadaptée.

Ces troubles se manifestent progressivement par des phénomènes qui deviennent rapidement des handicaps : douleurs à la miction, envies d'uriner nombreuses aussi bien de jour que de nuit.

L'alimentation et les suppléments peuvent considérablement réduire la dégradation de la prostate et aider à l'amélioration des difficultés urinaires.

En particulier le zinc, le sélénium secondent les cellules afin de résister au vieillissement tandis que les vitamines C et E, les phytostérols de pépins de courge et la poudre de pollen associés peuvent améliorer le confort urinaire.

CHAPITRE X

La nutrition

On ne saurait traiter le vaste domaine des aliments guérisseurs sans poser quelques bases fondamentales qui aideront à comprendre en quoi notre alimentation quotidienne peut prévenir et aider à soigner la plupart des maladies.

Il faut évidemment se nourrir tous les jours pour vivre d'où la nécessité de bien comprendre ce que recouvre le terme de nutrition.

Une bonne nutrition, donc une alimentation équilibrée, doit respecter un certain nombre de règles pour être efficace, nourrir correctement le corps et faire en sorte que les apports alimentaires aient véritablement un impact thérapeutique sur notre organisme, notre santé et notre longévité.

L'alimentation moderne est, hélas, l'exemple même de ce qu'il ne faut pas faire. C'est-à-dire le meilleur moyen de tomber malade, de ne pas être en forme et de ne pas connaître les joies d'une vieillesse paisible ou, tout du moins, de ne pas vivre longtemps en bonne santé.

Un manque de connaissances et de formation aux principes de base de la nutrition, une alimentation bien qu'abondante mais riche en mauvaises graisses et en produits trop raffinés, un recours trop important aux produits chimiques et à l'agriculture industrielle sont les principales causes des carences alimentaires et de la détérioration de la santé de l'homme moderne.

La nutrition moderne ne remplit plus son rôle principal qui est de fournir à l'organisme les nutriments, c'est-à-dire les composants alimentaires élémentaires nécessaires à sa croissance, à son entretien et à son fonctionnement.

A la base d'une nutrition équilibrée, on trouve les glucides, les protides et les lipides. Une partie de ces trois groupes d'éléments vitaux est utilisée pour permettre les synthèses spécifiques de l'organisme tandis que l'autre partie disparaît au cours des réactions métaboliques afin de produire l'énergie calorique et mécanique nécessaire au fonctionnement du corps et à nos activités.

Les aliments doivent aussi fournir les vitamines indispensables aux réactions enzymatiques, les sels minéraux nécessaires à la fabrication de la matière vivante et à la régulation du milieu hydrique interne, la cellulose si importante pour le bon fonctionnement du transit intestinal, et aussi, et surtout, l'eau, un des principaux constituants de l'organisme dans la mesure où elle représente les deux-tiers de notre poids !

La digestion

Le rôle de la digestion est de transformer les aliments pour fournir au corps les nutriments nécessaires à son entretien.

Il existe trois phases principales et successives dans le mécanisme digestif :

- la phase mécanique : c'est-à-dire le broyage des aliments par la mastication (optimisée si elle est longue et accomplie avec concentration si possible en silence) et le brassage gastrique.
- la phase chimique : c'est-à-dire la séparation des éléments par l'intermédiaire des secrétions gastriques.
- la phase d'absorption : c'est-à-dire l'assimilation des

nutriments au cours de leur descente le long du tube digestif, de l'estomac au côlon.

L'équilibre nutritionnel

C'est l'exacte mesure dans laquelle doivent être satisfaits les besoins du corps qui varient en fonction de l'individu, de son métabolisme et de son activité physique et/ou intellectuelle.

Il existe certes des règles scientifiques pour établir cet équilibre nutritionnel mais il convient de les adapter à votre propre problématique pour trouver votre mesure personnelle.

Celle-ci permet de pallier les carences ou les excès inévitables pour les personnes n'ayant pas de notion de diététique. Ce qui est le cas, hélas, du plus grand nombre !

L'apport quotidien doit couvrir quasi exactement vos besoins pour entretenir votre corps, réapprovisionner vos réserves énergétiques, s'adapter à l'effort physique et/ou intellectuel, augmenter votre durée de vie et prévenir ou aider à soigner la plupart des maladies, autrement dit jouer pleinement son rôle thérapeutique.

Globalement, l'équilibre quantitatif moyen se répartit de la façon suivante :

- besoins en glucides : entre 4 et 7 gr par kilo et par jour,
- besoins en protéines : 1 gr par kilo et par jour,
- besoins en lipides : 1 gr par kilo et par jour,
- besoins en eau : entre 1 et 1,5 l par jour,
- besoins en vitamines et en sels minéraux.

Il existe aussi un équilibre qualitatif à respecter afin que les différents nutriments soient fournis en proportions indispensables pour répondre aux besoins de l'organisme. Ainsi, le pourcentage optimal est le suivant :

- 55 % pour les calories glucidiques,
- 30 % pour les calories protéiques,
- 15 % pour les calories lipidiques.

Ces proportions sont souvent symbolisées par la formule 4.2.1., c'est-à-dire : 4 portions de glucides, 2 de protéines et 1 de lipides.

De plus, il ne faut absorber que très peu d'aliments directement lipidiques (beurre, graisses animales...) car on trouve des lipides dans la majeure partie des viandes, des poissons et des laitages.

Retenez bien ces données concernant les équilibres quantitatif et qualitatif, car elles sont à la base d'une alimentation équilibrée et véritablement thérapeutique.

S'il n'y avait qu'une chose à retenir de ce livre, ce serait ces " divines proportions " : 4/2/1, qui, si elles sont respectées scrupuleusement, vous mettent à l'abri des principaux problèmes physiques et de la plupart des maladies courantes.

Si l'on veut aller plus loin et affiner ces divines proportions, il convient, une fois assimilées et, surtout, mises en pratique ces règles clés de l'alimentation quotidienne, de se préoccuper de la répartition des différents nutriments en fonction de leur origine : protéique, glucidique et lipidique.

Ainsi, faut-il veiller à respecter...

• les proportions des acides aminés indispensables. Ces composants basiques des protéines sont en proportion relativement convenables dans les produits animaux mais non dans les végétaux. Ce qui peut créer des carences dans une alimentation uniquement végétarienne si les apports d'acides aminés en provenance des matières végétales ne sont pas complétés par des compléments supplémentaires : les fameux suppléments nutritionnels ;

• un apport équilibré entre les glucides complexes à absorption lente (60 % de la ration glucidique) et les sucres simples à absorption rapide (40 % de la ration glucidique).

• Une ingestion harmonieuse de graisses végétales (60 % de la ration lipidique) et les graisses animales (40 % de la ration lipidique, incluant les graisses animales et celles en provenance des laitages).

Ensuite vous pourrez affiner votre démarche diététique en vous intéressant aux proportions qui doivent être respectées entre les apports des nutriments et des vitamines, entre les différents sels minéraux, entre les oligo-éléments, entre les aliments énergétiques et les aliments protecteurs, constructeurs, récupérateurs...

Nous entrons avec cette troisième phase dans le domaine de la haute diététique qui n'est pas l'objet de cet ouvrage mais qui se trouve traitée dans des ouvrages plus spécialisés sur la diététique.

Déjà, si vous mémorisez et appliquez quotidiennement les deux premières règles, vous aurez alors une solide base qui fera de votre alimentation un des piliers d'une nutrition thérapeutique, d'une vie saine et d'une longévité accrue !

Retenez pour l'instant que pour qu'une ration quotidienne soit équilibrée, réparatrice et thérapeutique, il faut qu'elle intègre chaque jour un composant de chaque catégorie : protidique, glucidique, lipidique.

Les principaux groupes d'aliments

La valeur nutritionnelle d'un aliment est fonction de sa digestibilité et de sa composition.

Les aliments contenant majoritairement des protéines

Nous classons parmi ceux-ci les aliments riches en protéines aisément assimilables ayant une teneur en protéines d'environ 20 % de leur poids frais.

• les aliments riches en protéines animales : le gibier, les œufs, la viande de boucherie (principalement : bovins, moutons, porcs), les poissons...

On y trouve aussi du fer, des lipides et des vitamines, B notamment...

• les aliments riches en protéines végétales : principalement les légumes secs (séchés après conditionnement, en particulier les légumineuses : arachides, fèves, fèverolles, haricots secs, lentilles, petits pois, pois chiche, soja...) qui peuvent en contenir jusqu'à 25 % de leur poids.

On peut les consommer en remplacement d'une alimentation uniquement carnée, à la condition, d'un apport supplémentaire en acides aminés.

Les laitages sont aussi partie prenante de ce groupe car contenant des protéines de haute valeur nutritive, sauf le beurre (néanmoins conseillé en petites quantités pour son apport en vitamine A), ainsi que du calcium, des graisses et des vitamines, notamment A, B2 et D.

Les aliments contenant majoritairement des glucides

• les céréales et leurs dérivés (farines, semoules, pâtes...). Ceux-ci contiennent des glucides complexes ou amidons.

Les principales céréales consommées dans le monde sont le blé, le riz et le maïs, puis ensuite : l'orge, le mil et le sorgho (principalement en Afrique), le seigle...

Ils contiennent en général entre 70 et 90 % de leur matière sèche en glucides mais aussi des protéines (environ 10 %), de la cellulose (environ 10 %), des lipides (moins de 51 %) et des minéraux (moins de 4 %).

• les légumes et les fruits frais, crus ou cuits (alors plus digestes) sont aussi très riches en glucides mais aussi en sels minéraux, en eau, en cellulose et en vitamines hydrosolubles dont la vitamine C.

Les aliments contenant majoritairement des lipides

Tous les corps gras d'origine animale et végétale, notamment des huiles fournissant des acides gras insaturés, le beurre riche en vitamines A et D, le suif et le saindoux.

Enfin, le mode de cuisson est fondamental car, si il est inadapté, il peut entraîner une perte de nutriments plus ou moins importante, notamment des sels minéraux et des vitamines. Aussi veillez bien à respecter les conditions indiquées sur les produits ou à vous renseigner à ce propos.

CHAPITRE XI

La diététique

A la lecture des paragraphes précédents, vous aurez compris qu'il est important de surveiller votre régime alimentaire, de veiller à votre équilibre nutritionnel donc d'acquérir des bases de diététique.

A ce propos, il convient tout d'abord de ne plus donner un sens restrictif, voire répulsif au mot “ régime ”.

Quelques notions de diététique

En effet, adopter un régime alimentaire n'est pas uniquement une démarche de type médical désignant un ensemble de mesures draconiennes confinant à la corvée quotidienne, aux privations et finalement à l'abandon inexorable d'une cure alimentaire conçue en ces termes.

Comprenez bien, dès à présent, que c'est à vous de trouver le régime alimentaire qui vous convient.

Celui-ci vous permettra de manger les aliments que vous aimez car, parmi les différents groupes alimentaires principaux (glucides, protides, lipides), il existe une telle diversité de viandes, de poissons, de fruits, de légumes, de céréales... que vous trouverez certainement ceux qui vous attirent.

Il faut que la notion de régime soit liée à celles de liberté, de plaisir et de choix pour pouvoir s'implanter fermement dans votre esprit et surtout pour pratiquer une diète (autre terme qui n'est pas réservé aux malades !) choisie avec motivation et régularité... afin de ne pas se trouver un jour face à ce “ régime sévère ” tant redouté qui, lui, sera vraiment restrictif, laborieux, pénible et... rapidement abandonné ou oublié !

Aussi, pour éviter toute rechute, parlerons-nous plutôt de diététique, terme plus large et moins connoté dans l’esprit populaire.

Le mot “ diététique ” vient du grec “ *diaitêtikê* ” qui veut dire : hygiène de vie. Donc, la diététique ne se limite pas à uniquement ce que vous mangez mais aussi à l’environnement dans lequel vous vivez, à votre style de vie, à votre pratique sportive, à la façon dont vous réfléchissez.

Nous nous limiterons dans cet ouvrage à l’aspect alimentaire de la “ diététique ” mais il faudra que vous gardiez toujours en tête son acception plus générale pour appliquer correctement nos conseils alimentaires.

En effet, si vous mangez correctement et que vous vivez dans un environnement pollué, si vous ne faites jamais d’exercice et si vous n’arrivez pas à résoudre vos problèmes quotidiens, vous perdrez en partie le bénéfice de votre nouveau régime alimentaire à base d’aliments guérisseurs.

Il faut aussi que vous amélioriez ces autres piliers d’une vie équilibrée dont un changement des habitudes alimentaires peut constituer le premier pas.

En effet, si vous consommez votre nourriture d’une façon plus consciente à base d’aliments plus sains, vous fortifierez votre corps et votre esprit, jetant par là-même les bases de la (re)construction de votre existence.

Dans son acception d’hygiène de vie, la diététique fut d’ailleurs l’un des principes de base de la médecine, selon son fondateur Hippocrate, dont nous ne pouvons d’ailleurs que rappeler une des sentences les plus importantes “ Que ta nourriture soit ton médicament. ”

La médecine grecque, puis occidentale telle qu'elle fut conçue à l'origine, n'est pas simplement l'art de soigner et de se débarrasser des maladies mais aussi et surtout, au-delà d'une bonne alimentation, le moyen de créer des conditions de vie intérieures (à l'organisme et à l'esprit) et extérieures de qualité s'opposant justement à l'apparition de la maladie.

C'est d'ailleurs la définition sur laquelle se fondent la plupart des médecines dites alternatives, douces, parallèles... C'est à dire le principe suivant lequel les conditions de vie générales d'un individu déterminent l'apparition ou non des maladies et sa résistance par rapport à celles-ci. Les médecines douces ne se contentent pas de soigner les affections, mais visent surtout à prévenir leur apparition en soignant un individu et non pas une maladie.

Chaque personne étant différente, les médecines alternatives la soignent aussi différemment en tenant compte de son passé médical, de son état de santé, de son mental et de toutes les caractéristiques de cet individu. Cette philosophie explique d'ailleurs le grand succès des thérapies douces auprès d'un nombre croissant de personnes et de malades mais aussi leur efficacité de plus en plus reconnue, même par la médecine dominante. La meilleure preuve en est le nombre croissant de docteurs en médecine se formant et pratiquant des disciplines alternatives : homéopathie, auriculothérapie, iridologie, phytothérapie, aromathérapie, naturopathie...

La diététique conçue de cette façon trouve d'ailleurs un accueil de plus en plus favorable même parmi les tenants de la médecine chimique dans la mesure où de nombreuses études médicales ont établi le lien existant entre les habitudes alimentaires et le déclenchement des maladies mais aussi celui, bien réel, entre l'alimentation d'une personne et les maladies qui l'affectent !

Ces recherches vont dans le sens du rôle thérapeutique de l'alimentation. Elles contribuent à faire de la diététique la base d'une bonne santé, d'une prévention et d'une médication à la portée de tous.

Autrement dit : mangez correctement et vous serez rarement malade !

La prévention diététique

La prévention des maladies passe donc par une alimentation saine. En effet, il s'avère qu'un sujet en bonne santé ou qui est rarement malade, en dehors de l'influence des facteurs génétiques, est en général une personne qui respecte des règles diététiques et s'appuie sur des habitudes alimentaires équilibrées.

Elle ne souffre d'aucun dérèglement ni d'aucune carence dans les principaux groupes alimentaires protidique, glucidique et lipidique. Ses apports quotidiens en minéraux, vitamines, oligo-éléments... sont suffisants.

Ses besoins énergétiques sont couverts quotidiennement par les aliments et/ou les compléments alimentaires qu'elle ingère.

L'homme en bonne santé apporte à son organisme les éléments nutritifs (glucides, protides, lipides) et les éléments non nutritifs (eau, cellulose, sels minéraux, vitamines) fondamentaux pour la construction, le maintien, l'entretien et la réparation de son corps.

Il fournit aussi à son organisme les composants nécessaires aux différents processus métaboliques internes, à son activité quotidienne, à la gestion des agressions extérieures (pollution, stress, compétitivité...) et à l'adaptation à son milieu externe en perpétuelle mutation, notamment dans nos sociétés industrielles où le changement se produit à un rythme accéléré.

Cet aspect préventif de la diététique est à prendre en compte le plus tôt possible par chacun d'entre vous et, si possible, à transmettre aux nouvelles générations car des erreurs alimentaires dès la petite enfance peuvent entraîner des conséquences irréversibles ou difficiles à contrer une fois parvenu à l'adolescence et a fortiori à l'âge adulte.

Ainsi combien de cas d'obésité, d'hypertension artérielle, d'allergies... négligés, mal soignés ou pris en charge sans tenir compte de l'aspect thérapeutique de la nutrition, sont-ils devenus irrémédiables, traumatisants, handicapants à vie, voire mortels !

La diététique curative

Il serait évidemment naïf de penser que l'on peut devenir invincible, voire immortel, grâce à une alimentation équilibrée mais il est un fait avéré qu'elle est un puissant facteur de prévention des maladies et de longévité assurée.

Des habitudes alimentaires correctes protègent contre la plupart des affections les plus courantes.

Cependant, si la maladie se déclare malgré de bonnes

règles de nutrition et cela peut arriver tant le maintien de l'homéostasie (équilibre naturel du milieu intérieur ou ensemble des fluides biologiques corporels : sang, lymphe...) est difficile à maintenir, l'alimentation peut aussi être un des remèdes pour recouvrer un état de bonne santé.

Un déséquilibre alimentaire est même souvent la cause de la maladie qui doit être interprété comme un signal envoyé par le corps pour rectifier les erreurs nutritionnelles et revenir à un état d'équilibre alimentaire.

L'aspect thérapeutique de l'alimentation, à la base de la plupart des médecines douces, est à présent pris en compte par la médecine actuelle par l'intermédiaire de la diétothérapie, discipline prescrivant des conseils nutritionnels et des repas adaptés pour le traitement des maladies des patients.

La diétothérapie rétablit ou protège l'équilibre des fonctions physiologiques en (ré)équilibrant le dosage quantitatif et qualitatif des nutriments (protides, glucides, lipides).

Suite à un bilan médical prenant en compte les paramètres physiologiques et les habitudes alimentaires, le médecin prescrit des comportements alimentaires mieux adaptés et un régime équilibré. Il établit ensuite des menus et vérifie les résultats tout au long du traitement.

On utilise notamment la diétothérapie dans le traitement des troubles digestifs et du sommeil, du stress et évidemment, son application la plus connue, de la surcharge pondérale.

Les règles diététiques ainsi posées deviennent même souvent les piliers du traitement quand elles n'en sont pas les seules prescriptions indiquées, comme c'est le cas pour l'obésité.

Les régimes hypocaloriques sont alors proposés pour réduire l'apport calorique afin de diminuer la surcharge pondérale.

La diétothérapie reprend ainsi les principes bien connus des médecines douces suivant lesquels un traitement est aussi unique que le patient qu'il est censé soigner. Deux personnes, même présentant les mêmes symptômes d'une même affection, ne seront pas soignées de la même manière et se verront prescrire des régimes alimentaires différents en fonction de leur mode de vie, de leur historique médical et de leurs habitudes alimentaires entre autres.

Règles de base d'une bonne diététique

Quel que soit le régime prescrit par un médecin dans le cadre d'un traitement ou choisi par vous, il importe de respecter certaines règles de bases.

- la conservation des trois repas quotidiens.

- l'apport à l'organisme d'une quantité minimale de protéines (il est dangereux de tomber en dessous de 50 gr par jour chez l'adulte).

- les restrictions doivent porter sur les apports glucidiques mais surtout lipidiques, car les glucides jouent un rôle fondamental dans le tonus et la vitalité d'un organisme.

- il faut baser son régime sur la variété et ne pas manger toujours les mêmes aliments. Variez les viandes, les poissons, les légumes, les fruits, les céréales… autorisés afin de ne pas tomber dans la routine ou d'abandonner le régime en cours de route. La notion de diversité est liée à celle de plaisir. Le fait de manger doit être une fête du palais. Si vous n'éprouvez plus de joie à respecter vos règles diététiques, vous ne tarderez pas à les négliger. Dès les premiers signes de lassitude, changez d'aliments autorisés ou laissez votre régime de côté un ou deux jours. Vous le reprendrez avec plus d'enthousiasme après.

- l'utilisation plutôt des épices et des condiments que des sauces très caloriques.

C'est uniquement dans ces conditions que votre régime alimentaire, imposé par un médecin ou choisi librement, remplira son objectif et évitera en particulier les prises de poids qui suivent quasi automatiquement les périodes de diète alimentaire.

Faites en sorte que vos nouvelles habitudes alimentaires s'ancrent une bonne fois pour toute dans votre vie pour éviter de voir revenir les mauvais conditionnements et surtout des kilos dont il sera plus difficile de se débarrasser la prochaine fois.

Les causes des déséquilibres alimentaires

La nutrithérapie est une approche nutritionnelle visant à conserver un bon état de santé, à améliorer les performances physiques et intellectuelles, à prolonger la vie donc à retarder le vieillissement, à prévenir les maladies par une alimentation équilibrée et une supplémentation en nutriments : acides gras essentiels, acides aminés, minéraux, oligo-éléments et vitamines.

L'alimentation qui guérit permet de compenser les carences de l'organisme dont les principales causes sont une alimentation inadaptée et un mode de vie irrégulier.

Quand un nutriment n'est pas présent dans l'alimentation en quantité suffisante, l'organisme est obligé de puiser dans ses réserves. Si celles-ci sont complètement ou en grande partie utilisées, de nombreuses fonctions cellulaires tournent au ralenti et les cellules ne sont plus réparées.

Si ces ralentissements d'activité se propagent à de nombreuses cellules, le corps accuse le coup par l'apparition de fatigue, d'angoisse, par la diminution de l'adaptation aux conditions de vie, notamment au stress, par une moindre réponse aux agressions extérieures, en particulier la pollution, par une moins grande résistance à la maladie et aux affections, par une plus grande fragilité mécanique d'où la multiplication des traumatismes physiques, des accidents, des blessures, des fractures...

Le déclenchement d'une maladie signale que les défenses immunitaires ne disposent pas des moyens nécessaires pour faire face. Il ne suffit pas alors de donner les remèdes appropriés à cette affection mais il faut aussi fournir au système immunitaire le moyen de se défendre par un traitement à base de vitamines et de sels minéraux.

Vive les aliments frais !

Pour éviter que votre alimentation se transforme en poison pour l'organisme, il convient d'ingérer des aliments les plus frais possibles, même crus en fonction de vos goûts et de vos tolérances alimentaires.

En effet, pour choisir son type d'alimentation, il faut tenir compte de ses pouvoirs détoxiquant et détoxinant.

L'intoxication est le résultat de l'agression de l'organisme par des produits toxiques tandis que l'intoxination est entraînée par l'accumulation de toxines dans l'organisme.

La plus grande partie des toxines se trouvant dans l'organisme provient de notre activité métabolique digestive.

Si l'organisme possède les outils nécessaires pour se débarrasser d'un certain nombre de toxines grâce à ces émonctoires naturels : le foie, les intestins, la peau, les reins et les poumons ; en revanche, il peut arriver qu'il soit submergé par les toxines et dans l'incapacité de s'en débarrasser.

A cette intoxination il existe plusieurs causes, notamment :

- la consommation d'aliments dévitalisés, raffinés ou transformés. Leurs calories " vidées " ou leur pauvreté nutritionnelle peuvent alors provoquer des réactions alimentaires pathologiques.

- le stress trop important qui peut désorganiser un ou plusieurs systèmes : sanguin, nerveux, digestif, respiratoire...

- la suralimentation déséquilibrée qui, par une mauvaise digestion d'aliments inadaptés ou partiellement inassimilables, peut entraîner l'accumulation de résidus incomplètement digérés et qui pourrissent, littéralement, dans le système digestif.

Une intoxication, quant à elle, est provoquée par une invasion de l'organisme par des produits toxiques, en particulier dans les cas suivants :

- par le biais de produits et de molécules chimiques ingérés (agents conservateurs, additifs, colorants, médicaments) ou respirés (gaz d'échappement ou d'usine, fumée du tabac, produits toxiques expulsés accidentellement ou par négligence dans l'atmosphère,

- par le biais d'un environnement souillé qui pollue les aliments (eau, air, terre),

- par le biais de l'ingestion indirecte de substances employées pour nourrir les animaux (antibiotiques, hormones, farines animales) ou pour " protéger " ou faire pousser les cultures (insecticides, pesticides, engrais chimiques).

Les risques d'intoxication et d'intoxination ont considérablement augmenté ces dernières années avec le développement de l'agriculture industrielle induisant de nombreuses pathologies contre lesquelles on a parfois du mal à lutter (voir le cas de l'ESB ou maladie dite " de la vache folle " et sa résultant humaine : la maladie de Creutzfeldt-Jakob).

Aussi, pour éviter ce genre de désastre écologique, alimentaire et humain, nous ne pouvons que recommander, une fois de plus, le recours à une alimentation biologique, organique (poussant en pleine terre), aux médecines douces pour prévenir ou guérir en cas de maladie et surtout l'adoption d'une nourriture vivante, c'est-à-dire soit crue, soit la plus fraîche possible pour éloigner les risques décrits ci-dessus.

Une étude menée en 1928 par le physicien Max Gerson avait déjà établi l'existence du pouvoir régénérant des aliments vivants, en particulier leur impact positif sur la régulation du PH sanguin.

Un médecin américain spécialiste des enzymes alimentaires, le Dr Howel, a, quant à lui, mis en évidence le rapport existant entre notre potentiel enzymatique, notre vitalité, notre dynamise et notre longévité.

Les enzymes sont des substances protéiques d'origine biologique agissant comme catalyseurs des réactions biochimiques se produisant dans le corps humain. Ces réactions pourraient avoir lieu sans leur présence mais elles se feraient beaucoup plus lentement ou à des températures inadéquates, voire même dangereuses pour notre corps.

Moins nous utilisons notre énergie enzymatique plus nos réserves énergétiques sont employées à bon escient, renforçant par là-même notre longévité. Pour ce faire, il est recommandé de jeûner régulièrement, de consommer des aliments crus et de prendre des suppléments enzymatiques

Les plantes guérisseuses

On ne peut pas traiter des aliments guérisseurs sans évoquer évidemment le monde des plantes guérisseuses dont la discipline thérapeutique se nomme la phytothérapie. Domaines d'ailleurs très liés dans la mesure où les aliments guérisseurs sont majoritairement issus du monde végétal !

Cette approche thérapeutique vise à utiliser les plantes médicinales pour prévenir ou guérir un état pathologique.

La phytothérapie, contrairement à l'homéopathie qui utilise des doses infinitésimales, emploie des doses semblables à celles de l'allopathie, autrement dit exprimées en centigrammes et en grammes.

On emploie tout ou partie de la plante et seulement les plantes, ce qui en fait une des médecines les plus naturelles qui soient.

La phytothérapie prévient ou soigne un grand nombre de maladies. Elle est prescrite principalement dans les cas suivants : athérosclérose, hypertension artérielle, diabète, dystonies neurovégétatives, insomnies, insuffisance veineuse, infection des voies aériennes supérieures (ORL) et pulmonaires, obésité, troubles digestifs, ménopause, spasmophilie…

Le drainage des émonctoires

Un principe fondamental de la phytothérapie devra être appliqué dans le cadre d'une diététique intégrant les aliments guérisseurs : le drainage des émonctoires.

Ceux-ci sont constitués par tous les organes excréteurs intervenant dans le processus de l'élimination des déchets et des toxines : le foie, les intestins, la peau, les reins, les poumons…

Comme nous l'avons déjà vu (voir " Vive les aliments frais ! "), notre organisme a de plus en plus de probabilités de subir un jour ou l'autre une attaque grave, notamment des problèmes d'intoxication et d'intoxination.

Dans ces cas-là, les troubles ou les maladies se déclenchent suite à l'encombrement de certains organes par les déchets. Il convient donc de nettoyer régulièrement les organes excréteurs pour éviter tout encombrement (intoxination) ou agression (intoxination) de l'organisme.

Il est donc recommandé de faire régulièrement des cures de drainage à base de plantes comme l'ache, l'artichaut, l'asperge, le cassis, le fenouil…

Re (découvrir) les tisanes

Un des moyens les plus efficaces d'utiliser les plantes guérisseuses est de revenir aux bonnes vieilles tisanes de nos grands-mères tombées en désuétude au XXe siècle, pratique semblant revenir au goût du jour depuis la fin des années quatre-vingt.

Il importe cependant de bien savoir préparer une tisane pour en retirer tous les bénéfices thérapeutiques. En effet, pour profiter des vertus des plantes médicinales, il ne suffit pas comme le disait le Dr Henri Leclerc, illustre médecin phytothérapeute du siècle dernier, de " laisser tremper quelques feuilles dans un océan d'eau chaude " !

Pour réussir une tisane, il faut utiliser une quantité suffisante de feuilles de la plante en question. En effet, le principe de la tisane consiste à solubiliser (rendre soluble) les principes actifs de la plante qui ne seront efficaces que s'ils sont en dosage suffisant dans l'eau de la tisane.

Pour qu'une tisane ait de l'effet, il faut employer une concentration suffisante de plantes soit en moyenne de 15 à 30 gr par litre d'eau.

Il y a deux procédés principaux de préparation d'une tisane :

- **l'infusion** : on l'utilise en se servant des parties fragiles, dites nobles de la plante, c'est-à-dire les sommités fleuries et les fleurs.

D'abord, faites bouillir une certaine quantité d'eau, légèrement supérieure à celle indiquée ou nécessaire en fonction du dosage prescrit pour tenir compte de l'évaporation.

Dès que l'eau boue, retirez la casserole du feu et versez dans celle-ci la quantité nécessaire de feuilles puis laissez infuser entre 10 à 20 minutes.

Ensuite, filtrez et buvez le liquide obtenu.

- **la décoction** : on l'utilise en se servant des parties dures et ligneuses de la plante (racines, écorces, rhizomes).

Mélangez dans une casserole les quantités indiquées d'eau et de plante.

Faites chauffer à feu fort jusqu'à ébullition puis baissez le feu et laissez bouillir à feu doux entre 10 à 20 minutes.

Ensuite, filtrez puis consommez le liquide obtenu.

Un troisième procédé, la **macération**, moins employé, consiste à laisser macérer une décoction pendant toute une nuit ou la préparation à base de plante et d'eau avant de préparer la décoction durant le même laps de temps.

Ensuite, il faut répartir la prise de cette préparation tout au long de la journée suivante.

En général, il est recommandé de boire vos tisanes sans ajouter de sucre même si elles ont un goût légèrement amer. Le sucre est en effet fermentescible et peut occasionner des troubles digestifs comme des ballonnements. Au pire ajouter au maximum une cuillerée à café de miel par tasse.

La meilleure solution consiste encore à utiliser de petites quantités de plantes cassant l'amertume comme de l'aspérule odorante qui rendra votre tisane trop amère buvable, sans en modifier les propriétés thérapeutiques.

La tisane est de loin la façon la plus ancienne d'ingérer des plantes guérisseuses et aussi la plus efficace à condition de bien doser le mélange eau/plante. Cette manière de consommer les plantes médicinales est même le principal vecteur de la perpétuation de la phytothérapie à travers les âges.

A part les tisanes, la phytothérapie utilise plusieurs conditionnement pour les plantes médicinales : les poudres, les extraits, les suspensions, les teintures mères ou alcooliques, les alcoolats, les hydrolats... (pour plus de détail sur ces modes de préparation, consultez un manuel de phytothérapie).

Parmi les préparations les plus courantes signalons aussi les sirops et les huiles essentielles préparés à base de graines, de fleurs fraîches, de boutons floraux, de baies, de fruits, de fleurs et de sommités fleuries...

Cette discipline thérapeutique utilisant les huiles essentielles s'appelle l'aromathérapie. S'il est aisé d'employer ces essences de plante (leur âme pour le puriste) sous leur forme externe sans avis médical, en revanche, sous forme interne, il est fortement recommandé de ne le faire que sur prescription médicale.

En effet, les huiles essentielles, comme leur nom l'indique, sont les composants principaux des plantes et souvent commercialisés sous une forme extrêmement concentrée.

Aussi une ingestion mal dosée peut provoquer des troubles comme des brûlures d'estomac qui sont très douloureuses.

CHAPITRE XII

Les micro-nutriments

A ce stade de lecture, vous avez compris qu'une alimentation équilibrée en quantité et en qualité est un des secrets, sinon le secret, d'une bonne santé. La diététique ou science de la nutrition permet de mieux connaître les bienfaits des différentes composantes des aliments et de profiter au maximum de ceux possédant le plus de qualités thérapeutiques sans sacrifier ni au plaisir de manger ni au goût.

En effet sans ce plaisir, même l'alimentation la plus équilibrée possible deviendrait rapidement une véritable corvée.

Or une diététique raisonnée permet de cumuler les plaisirs :

- de savoir que vous mangez des aliments qui ne vous apporteront que des bienfaits,

- de voir votre corps changer et se renforcer, donc par conséquent de constater l'amélioration de vos capacités intellectuelles et physiques,

- de soulager voire de noter la disparition de vos douleurs ou des maladies dont vous aviez de la difficulté à vous débarrasser ou qui vous affectaient régulièrement,

- du palais car les aliments (notamment les biologiques) possèdent des saveurs et des goûts à nul autre pareil,

- de retrouver votre poids de forme car (ré)équilibrer votre alimentation vous fera automatiquement perdre les kilos superflus du fait de l'adoption d'un régime pauvre en mauvaises graisses, en aliments raffinés trop sucrés et trop salés artificiellement. Ou bien de prendre les kilos qui vous manquaient du fait des carences dont vous souffriez !

- sans compter que vous (re)découvrirez peu à peu la joie

dans votre vie privée, professionnelle et sociale du fait de votre nouvelle attitude et de votre personnalité retrouvée !

Apporter à son corps les micro-nutriments essentiels

Comme nous l'avons maintes fois répété, il y a un paradoxe dans l'alimentation moderne entre les notions de quantité et de qualité.

On pense ou on nous a inculqué qu'il faut beaucoup manger pour se nourrir. Or on sait depuis longtemps que la quantité ne fait pas la qualité. Rappelons que, globalement, sur une ration alimentaire de 100 gr, l'alimentation quotidienne doit nous apporter environ 60 gr de glucides, 30 gr des protéines et 10 gr de lipides. La fameuse règle des 4/2/1.

Il y a une confusion (parfois savamment entretenue pour des raisons commerciales) entre les notions de nombre et de qualité des calories qui doivent être fournies par l'alimentation.

Autrement dit, beaucoup de gens croient encore que plus ils apporteront de calories à leur corps, plus ils se nourriront bien !

Il n'y a rien de plus faux car c'est alors qu'entrent en ligne de compte l'origine, la qualité des aliments ingérés et la nature de l'apport en micro-nutriments.

Ainsi, nous mangeons trop de calories inutiles qui ne font qu'accroître notre surcharge pondérale, encrasser et dérégler notre corps, faisant le lit de nombreuses maladies et problèmes de santé. Trop semble être le qualificatif de l'alimentation moderne : trop gras, trop sucré, trop d'aliments raffinés, trop de viandes... Ainsi tandis que la ration calorique est excédentaire, se développent des maladies par carence ou sub-carences en micro-nutriments (acides gras essentiels, oligo-éléments, vitamines). Ceux-ci sont pourtant indispensables au bon fonctionnement organique, à celui des processus métaboliques, des réactions chimiques, de la production des hormones, de la croissance, de la nutrition des cellules, de la vigueur des défenses immunitaires...

La ration calorique moyenne de l'homme moderne tourne autour de 1.800 à 2.500 calories par jour alors que celle de nos ancêtres pouvait monter jusqu'à 5.000 calories par jour !

Cette quantité n'a rien d'exagérée dans la mesure où ils effectuaient plus de travaux de force que nous et utilisaient plus de force musculaire que la plupart de nos contemporains des sociétés occidentales pour accomplir leurs tâches quotidiennes en des temps où la mécanisation n'existait pas encore.

L'évolution des conditions de vie a donc entraîné une diminution de la ration calorique moyenne dont nous avons besoin.

Cependant, les mentalités ont évolué moins rapidement que les conditions de vie et l'idée qu'il faut manger beaucoup est encore largement ancrée dans de nombreux esprits.

Sans compter le souvenir d'un temps pas si lointain que cela, ne serait-ce qu'au siècle dernier, où existaient encore des fléaux telles que disettes et famines causées par les désastres climatiques et les catastrophes naturelles. Sans compter l'appréhension du manque pendant les grandes guerres mondiales

L'organisme a ainsi besoin d'une quantité minimale de chaque micro-nutriment pour permettre une activité normale des milliers d'enzymes servant de catalyseurs aux multiples réactions chimiques dont le corps est le siège en permanence.

On rappelle que cette quantité de base, l'AQR, l'Apport Quotidien Recommandé, doit être apportée chaque jour à l'organisme, quel que soit le niveau d'activité physique ou intellectuelle.

Autrement dit, que vous soyez sédentaire ou sportif de haut niveau, il vous faudra un même AQR pour que votre corps fonctionne correctement ! Au moins pour que les réactions chimiques de base du métabolisme se déroulent normalement.

L'alimentation moderne : ennemie de notre corps !

Cependant, il existe une telle quantité de micro-nutriments indispensables pour maintenir notre homéostasie (ou équilibre physiologique du corps) que nous manquons tous forcément de certains d'entre eux ou au moins des quantités minimales recommandées.

Nous souffrons donc tous de carences ou de sub-carences qui, ne sont plus, depuis plusieurs années déjà, compensées par les apports de notre alimentation quotidienne trop pauvre en nutriments essentiels.

Les aliments sont devenus, progressivement et paradoxalement, les principaux ennemis de notre corps qu'ils sont censés sustenter.

Les causes que nous ne cessons de dénoncer sont nombreuses : élevage intensif d'animaux nourris aux farines animales et gavés d'antibiotiques, légumes et de fruits produits sur des sols épuisés et pollués par des pesticides, des engrais chimiques et préparés suivant des modes de conditionnement (ceuillette précoce) et de cuisson leur enlevant tout ou partie de leurs micro-nutriments !

On en vient à ce paradoxe que, beaucoup d'aliments industriels, même si nous les ingérions chaque jour en quantités plus élevées, ne nous apporteraient pas suffisamment d'éléments essentiels !

Les dangers d'une "supplémentation" incontrôlée

Logiquement, et c'est d'ailleurs une des idées principales de cet ouvrage, vous pourriez vous dire qu'il suffit alors d'avoir une alimentation " bio " additionnée de suppléments alimentaires pour résoudre la quadrature du cercle !

En réalité, le problème est plus complexe que cela.

En ce qui concerne le premier point (l'alimentation biologique), c'est certes une des solutions mais à condition de bien doser les quantités car si vous utilisez les mêmes que celles que vous ingériez avec l'alimentation industrielle, vous finirez par avoir un stock excédentaire de calories du fait de la plus grande richesse des aliments naturels en nutriments essentiels.

Il faudrait donc réduire les quantités d'une façon rigoureuse car si, comme nous l'avons déjà dit, une alimentation équilibrée peut souvent avoir comme effet secondaire une fonte des mauvaises graisses, cela est dû à un calcul strict des quantités ingérées.

De même, une “ supplémentation ” mal contrôlée voire incontrôlée présente aussi des dangers de mauvais dosage ou de surdosage. Certains micro-nutriments mal dosés peuvent se transformer en poisons pour l’organisme. De la même façon, certains d’entre eux sont incompatibles ou s’annihilent mutuellement.

Dans le même état d’esprit, toutes les maladies ne sont pas causées par des carences en oligo-éléments, en sels minéraux ou en vitamines.

Il importe donc de bien connaître les affections dont leur manque est directement responsable. Pour cela, fiez-vous aux indications portées sur les suppléments alimentaires ou à... cet ouvrage ! Ou à d’autres sur le même sujet.

Dans le doute, abstenez-vous de prendre un complément alimentaire sur un coup de tête ou par envie subite. Si les explications indiquées sur le produit ne vous semblent pas claires, sont imprécises ou insatisfaisantes, n’hésitez pas à prendre conseil, d’abord auprès d’un spécialiste, dans le magasin de diététique ou dans la pharmacie où vous les achetez.

Et puis, nous le savons bien, nous ne pouvons totalement ignorer les aliments industriels : il faut bien les consommer, en raison de leurs prix avantageux ou encore, dans le cadre de tous les repas pris en dehors du domicile.

En cas de doute, demandez conseil !

En cas d’affection ou de maladie importante, et/ou si la prise recommandée sur le mode d’emploi ne donne pas de résultat, n'hésitez pas alors à consulter un médecin, un nutritionniste, un thérapeute ou un pratiquant de médecines douces liées à l'alimentation : nutrithérapeute ou naturopathe ou phytothérapeute, qui sont souvent d'ailleurs, aussi des docteurs en médecine.

Les produits naturels à orientation thérapeutique sérieuse indiquent le plus souvent sur leur notice les délais de prise maximale avant de consulter.

L'avantage de consulter un médecin nutritionniste et/ou nutrithérapeute ou naturopathe, est qu'il vous indiquera les doses à prendre en fonction de vos problèmes, de votre physiologie et de votre personnalité.

En effet, dans une perspective holistique, c'est-à-dire une prise en charge d'un malade et non d'une maladie comme c'est le cas avec la médecine moderne, appelée aussi allopathique, les êtres humains sont des individus uniques qu'il faut soigner ou aider dans cette perspective.

Si vous voulez optimiser la prise de compléments alimentaires, affiner les dosages en fonction de votre propre terrain (terme homéopathique symbolisant les conditions de santé propres à chaque être humain), il n'est pas inutile de consulter un spécialiste. Il n'est pas besoin d'aller le voir toutes les semaines. Souvent une unique consultation vous suffira pour des mois, sauf s'il détecte chez vous des problèmes particuliers ou des prédispositions à certaines affections et maladies, chose que vous seriez sans doute bien incapable de trouver vous-même, sans l'œil averti et l'expérience d'un professionnel de la santé.

L'apparition de la “ supplémentation ” alimentaire a changé la vision habituelle de la médecine comme art de soigner. Le succès des aliments biologiques et des compléments nutritionnels a rappelé aussi que la médecine était, ce qui avait été oublié pendant fort longtemps, l'art de prévenir la maladie. Ce qui change complètement la conception traditionnelle du rôle du médecin et de la maladie.

Le premier n'est pas le principal acteur de votre guérison... C'est vous ! Le médecin ne guérit pas. Il aide à la prévention ou à la guérison de l'affection. Seul le corps, avec la participation de votre esprit, peut se guérir même s'il fait appel évidemment à des appuis extérieurs comme le médecin et les médicaments.

Si vous vous considérez comme le principal responsable de votre santé, votre regard sur la maladie ne peut que changer. Il n'est donc pas besoin d'être malade pour consulter, au contraire même !

Quand la maladie survient, il est trop tard, le mal est fait. Nous prenons alors la lance à incendie de la médecine chimique pour éteindre le mal qui ravage notre corps. Souvent d'ailleurs, cette thérapie agressive peut faire disparaître la maladie, mais il arrive qu'elle ne fasse que la cacher. Celle-ci se fera un plaisir de revenir vous tourmenter à la première occasion car elle n'était qu'endormie.

En effet, si vous ne faites que l'assommer avec des drogues de synthèse et que vous reprenez vos mauvaises habitudes de vie, d'alimentation, de sommeil, de stress... vous lui ouvrez à nouveau une autoroute où elle s'empressera de revenir à la moindre occasion et souvent à plus grande vitesse, causant parfois des dégâts physiologiques plus difficiles à réparer que la fois précédente.

Une maladie est avant tout un signal du corps, plus ou moins fort, que quelque chose ne va pas en vous, souvent au niveau du psychique et/ou des habitudes de vie, de l'hygiène générale, de l'alimentation.

Prenez la chance qu'elle vous offre de faire le point et de modifier ce qui déraille. Cessez de vous comporter comme ces aveugles de la vie.

Souvent, le simple fait de changer ou de rééquilibrer son alimentation peut prévenir ou aider à soigner de nombreuses maladies. Vous avez pu constater dans les chapitres consacrés aux compléments alimentaires, aux aliments guérisseurs, aux vitamines... que les propriétés thérapeutiques de ceux-ci sont innombrables.

Ayez une alimentation variée. Mangez de tout en doses modérées, évidemment en respectant les règles de base de la diététique thérapeutique abondamment explicitées dans cet ouvrage.

C'est le meilleur moyen de véritablement profiter des bienfaits des aliments guérisseurs. Une fois cette règle établie et surtout pratiquée depuis quelques semaines, voire quelques mois, vous constaterez inévitablement une amélioration de votre état général, la résolution d'un certain nombre de problèmes physiques, la disparition ou le soulagement de vos douleurs ou de vos affections, une prise ou une perte de poids en fonction de votre physiologie et de vos carences...

Une fois cette fondation achevée et devenue pour vous comme une seconde nature, au même titre que de respirer ou que d'aller au travail chaque matin, vous pourrez affiner votre démarche en vous concentrant sur vos soucis spécifiques. Faites-le seul si cela donne des résultats ou avec l'aide régulière (ou exceptionnelle) d'un spécialiste, surtout, si les améliorations tardent à se manifester.

Dans ce domaine, il ne faut surtout faire preuve d'un sentiment de supériorité ou d'orgueil mal placé. La diététique est un vaste domaine et le champ des aliments guérisseurs encore très mal défriché. Aussi, faites preuve d'humilité et sollicitez des conseils avisés au lieu de vous engluer dans des incertitudes ou de vous enferrer dans des erreurs.

D'autant que la consultation d'un nutritionniste, d'un nutrithérapeute, d'un naturopathe en apprend beaucoup sur la diététique mais aussi sur soi-même.

Un corps sain dans un esprit sain

Ainsi, lors d'une consultation de nutrition, votre thérapeute vous aidera à détecter les symptômes caractéristiques des carences et des sub-carences en micro-nutriments (acides gras essentiels, vitamines, oligo-éléments, minéraux....) et les habitudes alimentaires et d'hygiène générale néfastes pour votre santé.

Il vous indiquera comment mettre en place un plan de retour à la santé basé sur des éléments efficaces car adaptés à votre situation personnelle.

En effet, si un des points principaux de la philosophie des médecines douces est la participation active du sujet à son équilibre physique et psychique, il ne faut pas la confondre avec un quelconque laisser-aller, une navigation à vue ou le signal pour se lancer sur les voies aventureuses et risquées de l'automédication.

Au contraire, si l'on veut véritablement avoir une alimentation et une vie équilibrées, il importe de connaître les besoins du corps humain et de posséder des notions de diététique car le corps est une formidable machinerie mais qui doit respecter des mécanismes précis pour être au maximum de son rendement et durer le plus longtemps possible.

Il n'y a pas de place ici pour l'approximation ou le bricolage mais pour l'attention, la vigilance et le sérieux qui ne riment pas forcément avec ennuyeux car une vraie diététique est variée, goûteuse, colorée et joyeuse ! Sinon, elle devient vite rébarbative et sera rapidement abandonnée.

Il n'est donc pas interdit, mais même recommandé, de s'appuyer sur les conseils éclairés de gens autorisés.

Surtout pour ce qui concerne le domaine de la " supplémentation " afin de recouvrer la santé, la forme, le tonus, la joie de vivre et le dynamisme. Tous ces atouts sont les meilleures armes contre le retour de la maladie et favorisent la plus efficace des préventions pour avoir " un corps sain dans un esprit sain " !

CHAPITRE XIII

Les aliments à éviter

Le fait que l'alimentation, moderne soit déséquilibrée amène à s'interroger sur les aliments qu'il faut éviter (ce qui ne veut pas dire qu'il ne faut jamais en consommer) mais surtout comment les remplacer. La liste ci-dessous vous donne des conseils généraux en ce sens.

À éviter

Les huiles raffinées mais aussi les huiles d'arachide (trop riches en acides gras insaturés) et de tournesol (trop riches en acide linoléique).

À remplacer par

Des huiles vierges première pression à froid qui sont riches en acides gras insaturés.

Consommer

Pour les assaisonnements, si bien sûr l'huile d'olive est la reine de nos tables, n'hésitez pas à utiliser périodiquement d'autres huiles comme les huiles de colza, de sésame, de noix, de tournesol, de pépins de raisin… qui non seulement donneront des goûts différents à vos salades mais vous apporteront une plus grande variété de bonnes graisses, les fameux AGE, Acides Gras Essentiels.

À éviter

Les légumes et fruits en conserves, les surgelés.

À remplacer par

Des légumes frais, si possible biologiques, et si vous possédez un jardin, faites pousser vos propres fruits et légumes, c'est encore mieux.

Consommer

Chaque jour au moins un plat de légumes cuits ou crus ainsi qu'au moins un fruit frais.

À éviter

Les laits et les produits laitiers, notamment les produits laitiers entiers riches en acides gras saturés comme le beurre, les fromages, les yaourts, la crème fraîche, les glaces...

À remplacer par

D'autres laits peuvent remplacer avantageusement le lait de vache, notamment le lait de chèvre, d'avoine ou de soja.

Consommer

Vous pouvez remplacer tout ou partie de votre consommation de produits laitiers en provenance des vaches par des produits faits à partir du lait de chèvre ou de brebis surtout au printemps et en été alors qu'il est conseillé de réduire leur consommation en automne et en hiver.

À éviter

Les modes de cuisson agressifs pour les aliments comme les fritures, les grillades, le micro-ondes ou le bouilli, les margarines hydrogénées.

À remplacer par

Les marinades, la cuisson à l'étouffée, à la vapeur, au four en papillotes dans une feuille de papier sulfurisé et protégée par une feuille d'aluminium... tous ces modes de cuisson préservent les nutriments essentiels des aliments sans parler d'une meilleure conservation du goût.

Consommer

Vous pouvez aussi manger des produits fumés (viandes ou poissons) mais en quantités modérées.

À éviter

Les plats préparés souvent dénaturés par le mode de préparation et le mode de cuisson industriels.

Les aliments contenant trop d'additifs et de colorants.

À remplacer par

Des aliments naturels et des produits du terroir servant de base à des plats cuisinés préparés à la maison

À éviter

La farine blanche et le pain blanc.

À remplacer par

Préférez le pain complet, à base de céréales, les farines et les céréales complètes.

À éviter

Le sel blanc raffiné.

À remplacer par

Des sels naturels comme le sel de Guérande ou le gomasio

qui est un mélange de sel et de sésame. Voir aussi le mot " Sésame " dans le chapitre " Les Aliments Guérisseurs ".

À éviter

Les jus de fruits vendus dans le commerce qui contiennent trop de sucres raffinés et industriels et sont donc trop sucrés et acidifiants.

À remplacer par

Il est préférable de prendre soit directement des fruits, soit des jus de fruit frais, de préférence biologique. De plus, ils vous apportent des fibres et des vitamines.

À éviter

Les excès de consommation de viandes notamment trop grasses car les graisses animales sont en général néfastes pour l'organisme. Seules les viandes blanches sont conseillées. Evitez aussi les abus d'œufs et de charcuterie.

À remplacer par

Le poisson, le soja, les légumineuses (lentilles, pois, haricots, fèves...) qui apportent à l'organisme de nombreuses et excellentes protéines sans apport de graisses comme la viande.

En ce qui concerne le soja, il est souvent présenté comme le remplaçant idéal de la viande, et appelé pour cela la " viande du végétarien ". Il est d'ailleurs souvent conditionné sous forme de saucisses.

Si cette plante originaire d'Asie possède de remarquables propriétés nutritives (voir ce mot au chapitre Les Aliments Guérisseurs), il ne faut pas non plus en abuser. Trois à quatre fois par semaine semble être une bonne moyenne de consommation.

Les légumineuses présentent aussi une bonne alternative à la viande car elles sont une base protéique excellente. A consommer de préférence en automne et en hiver. A remplacer par des céréales au printemps et en été.

Si vous ne pouvez vous passer de chair fraîche, remplacez alors principalement les viandes par les poissons qui apportent des acides gras essentiels ou “ bonnes graisses ”.

Préférez les poissons pêchés en haute mer plutôt que les espèces élevées en fermes aquacoles car elles sont souvent nourries avec des farines animales. Le poisson peut être consommé sans problème toute l'année. Les fruits de mer, aussi recommandés, doivent être consommés durant les mois en “ R ” (septembre à avril).

Consommer

Vous pouvez continuer à manger de la viande mais moins fréquemment (deux à trois fois par semaine) en préférant la viande traçable (bien lire les indications).

Choisissez de préférence des viandes de provenance biologique ou au moins venant d'animaux élevés en plein air et nourris naturellement.

Il est, par exemple, conseillé de réduire votre consommation carnée au printemps et en été, saisons où le besoin de protéines animales est moins élevé.

À éviter

Le sucre blanc raffiné et les aliments trop sucrés comme les céréales industrielles.

À remplacer par

Du miel, du pollen, des raisins secs, du sucre dit intégral.

Consommer

Habituez-vous à moins sucrer, voire à ne pas sucrer vos yaourts car en général nous les sucrons trop ou par habitude sans avoir goûté auparavant au produit naturel (yaourt nature, au soja). Vous aurez d'agréables surprises gustatives. L'abus de sucre blanc ou d'aliments et de boissons trop sucrées artificiellement sont une des principales causes du diabète.

De même, ne sucrez pas systématiquement vos céréales.

À éviter

Certaines confitures industrielles trop riches en mauvais sucres et souvent trop sucrées (il existe de très bonnes confitures industrielles, de type artisanal !).

À remplacer par

Dans la mesure du possible des " confitures maison " ou, si vous n'avez pas le temps ni la possibilité de les préparer, demandez autour de vous. Vous trouverez sans trop de difficulté des mères de famille ou des mamies qui seront ravies de partager ou de vous vendre leurs préparations.

Le fin du fin est de trouver des confitures préparées uniquement avec le sucre des fruits eux-mêmes !

Vous pouvez aussi substituer à la confiture des compotes sans sucre ajouté ou des purées de fruits.

À éviter

Toutes les boissons à base de caféine, surtout bues en

trop grande quantité, comme le café, le thé et accessoirement le maté. Elles procurent un coup de fouet trop passager, agissent négativement sur le système nerveux si leur prise devient une habitude et sont responsables à la longue de la fatigue de l'organisme

À remplacer par

Par des substances décaféinées, de la chicorée, des succédanés de café fait à partir de céréales, du thé vert ou des infusions, notamment le soir pour faciliter la digestion, l'arrivée du sommeil...

À éviter

Les sucreries, les gâteaux et le chocolat industriel, les crèmes glacées, les pâtisseries au beurre et à la crème, les viennoiseries.

À remplacer par

Si vous aimez les sucreries, il n'est pas question de vous les interdire mais de remplacer les sucreries industrielles (bonbons, barres chocolatées et autres " apparentes douceurs ") par des aliments sucrés plus sains et naturels comme les fruits frais ou secs qui ne contiennent que leurs propres sucres constituent, de plus, de l'énergie à l'état pur !

De même, vous pouvez consommer du riz au lait (maison de préférence) fait avec du lait de vache mais aussi de soja, d'avoine.... Les pommes au four avec un peu de sucre intégral ou biologique sont aussi une excellente sucrerie.

Consommer

Les fruits secs auxquels on ne pense pas souvent comme les oléagineux (amandes, noisettes, noix, marrons...) peuvent être pris tels quels ou sous forme de purée. Ils sont conseillés notamment en automne et en hiver. Ils contiennent de plus des “ bons lipides ”.

Pour les amoureux du chocolat, il n’est pas question de vous priver ce votre plaisir mais de vous conseiller la consommation de chocolat de bonne qualité (% de cacao), avec modération.

À éviter

L’eau du robinet, même si elle est dite potable, car elle contient souvent beaucoup trop de chlore et/ou de substances chimiques destinées à la “ purifier ”. N’utilisez l’eau du robinet que bouillie.

À remplacer par

Préférer les eaux de sources dites minérales car elles contiennent, comme leur nom l’indique, de nombreux sels minéraux.

La consommation d’eau, environ 1,5 litre d’eau par jour, en dehors des repas, est de plus extrêmement importante pour aider à une bonne élimination des déchets de l’organisme.

À éviter :

La consommation excessive d’alcool, d’apéritifs, de digestifs qui empêchent une bonne combustion des graisses en excès dans le corps

Consommer : il n’est pas interdit de boire du vin mais à doses modérées, par exemple 1 à 2 verres au maximum par repas car le produit de la vigne contient de nombreux sels minéraux et des antioxydants comme les tanins ou le resvératrol.

CHAPITRE XIV

Les aliments riches en minéraux

Vous trouverez ci-dessous les principaux minéraux indispensables à l'organisme et les aliments en contenant le plus dans un ordre décroissant

La quantité indiquée est donnée en mg pour 100 gr d'aliment.

AQR : apport quotidien recommandé

Calcium (AQR : 800 à 1500 mg) :

gruyère (1185 mg/100 gr), camembert (388 mg/100 gr), chocolat, cresson, soja, figue sèche, amande, persil (de 200 à 250 mg/100 gr), jaune d'œuf (130 mg/100 gr), noisette, pissenlit et salades en général (de 155 à 188 mg/100 gr), lait écrémé et 1/2 écrémé, épinard, crevette, pistache (115 mg/100 gr), moule, brocoli (100 mg/100 gr), noix, huître, blette (90 mg/100 gr), hareng fumé (67 mg/100 gr), œuf, haricots verts (55 mg/100 gr), pruneau, crème fraîche (50 mg/100 gr), biscotte, orange, artichaut, céleri rave (de 40 à 49 mg/100 gr)

Fer (AQR : 14 à 20 mg) :

moule (8 mg/100 gr), céréales, huître (6,5 mg/100 gr), noisette, oie (3,7 mg/100 gr), lentilles, crevettes (3,3 mg/100 gr), bœuf, pruneaux (3 mg/100 gr), canard, maquereau, agneau, épinard, cacahuète, noix (2,5 mg/100 gr), jambon, lapin, œuf, pain, petits pois, poulet, thon, veau, chocolat, brioche, andouillette, agneau (de 1,5 à 2,5 mg/100 gr).

Magnésium (AQR : 110 mg) :

cacahuète (180 mg/100 gr), noisette, noix (160 mg/100 gr), crevette, moule (70 mg/100 gr), chocolat (60 mg/100 gr), épinard, gruyère, huître (45 mg/100 gr), pruneaux, hareng fumé (40 mg/100 gr), avocat (35 mg/100 gr), banane, bœuf, camembert, dinde, haricots verts, thon, sole, saumon : (de 24 à 34 mg/100 gr).

Phosphore (AQR : 500 à 1000 mg) :

saumon fumé (1200 mg/100 gr), gruyère (750 mg/100 gr), cacahuète (400 mg/100 gr), noisette, noix, oie, camembert (de 300 à 350 mg/100 gr), hareng fumé (280 mg/100 gr), veau, bœuf, brie, chocolat, moule, porc (de 220 à 250 mg/100 gr), cabillaud, canard, crevettes, dinde, jambon cuit, lapin (de 200 à 219 mg/100 gr), agneau, andouillette, champignon, glace au lait, huître, jambon fumé, œuf, petits pois, poulet, rillettes, sole, thon, yaourt (de 100 à 199 mg/100 gr).

Potassium (AQR : 3000 mg) :

pruneau (950 mg/100 gr), cacahouète (720 mg/100 gr), frites (700 mg/100 gr), noisette (600 mg/100 gr), avocat (522 mg/100 gr), noix (480 mg/100 gr), veau (460 mg/100 gr), saumon, hareng fumé (430 mg/100 gr), chocolat, bœuf, porc, oie, banane (400 mg/100 g), champignons (370 mg/100 gr), agneau, pommes de terre (330 mg/100 gr), céleri, épinard, raisin (320 mg/100 gr), melon, dinde, artichaut, cabillaud (300 mg/100 gr), asperge, aubergine, betterave, canard, carotte, cerise, chou-fleur, crevettes, endive, framboise, haricots verts, huître, jambon, maïs, maquereau, melon, moule, petits pois, prune, salsifis, sole, thon, tomate, yaourt nature (de 200 à 290 mg/100 gr).

Sodium (AQR : 4000 à 6000 mg) :

jambon fumé, saucisson sec (2100 mg/100 gr), olives vertes, crevettes (1600 mg/100 gr), jambon cuit (900 mg/100 gr), camembert (800 mg/100 gr), pain, céréales (650 mg/100 gr), salsifis (560 mg/100 gr), artichaut, avocat, banane, betterave, biscotte, cacahouète, hareng fumé, huître, maïs, maquereau, mayonnaise, moules, rillettes, saumon fumé, thon (de 250 à 550 mg/100 gr).

CHAPITRE XV

Les aliments riches en vitamines

Vous trouverez ci-dessous les principales vitamine indispensables à l'organisme et les aliments en contenant le plus dans un ordre décroissant.

La quantité indiquée est donnée en µg (micro-gramme) pour 100 gr d'aliment.

AQR : apport quotidien recommandé

Vitamine A (Rétinol) (AQR : 600 à 1000 µg soit 2400 à 4000 UI)

Beurre (708 µg/100 gr), camembert (343 µg/100 gr), brie (285 µg/100 gr), crème fraîche (250 µg/100 gr), gruyère (213 µg/100 gr), oeuf (200 µg/100 gr), tarte aux fruits (140 µg/100 gr), huître (75 µg/100 gr), fromage blanc (74 µg/100 gr), glace au lait (50 µg/100 gr), poulet rôti (39 µg/100 gr), maquereau (37 µg/100 gr), canard (23 µg/100 gr), lait (20 µg/100 gr), hareng, saumon fumé (15 µg/100 gr), yaourt nature (10 µg/100 gr).

Vitamine B1 (Thiamine) en mg pour 100 g. (AQR : 1,3 mg)

Céréales (1,3 mg/100 gr), jambon fumé (1 mg/100 gr), jambon cuit (0,9 mg/100 gr), porc (0,59 mg/100 gr), saucisson sec (0,57 mg/100 gr), noisettes (0,5 mg/100 gr), noix (0,4 mg/100 gr), canard (0,26 mg/100 gr), cacahouètes, petits pois (0.25 mg/100 gr), saumon fumé, tarte aux fruits (0.2 mg/100 gr), agneau, asperge, champignon, chocolat, huître, lentilles, pruneau, veau (de 0,1 à 0,19 mg/100 gr).

Vitamine B2 (Riboflavine) en mg pour 100 g. (AQR : 1.6 mg)

Camembert (0,57 mg/100 gr), brie (0,5 mg/100 gr), canard (0,47 mg/100 gr), champignon (0,45 mg/100 gr), oie (0,4 mg/100 gr), chocolat, œuf (0,35 mg/100 gr), gruyère (0,34 mg/100 gr), saucisson (0,28 mg/100 gr), bœuf, (0,27 mg/100 gr), fromage blanc, jambon fumé, lapin, maquereau, porc (0,25 mg/100 gr), agneau, poulet, glace au lait, croissant, hareng fumé, huître, jambon cuit, dinde (0,20 mg/100 gr), asperge, avocat, brie, cacahouètes, céréales, épinard, lait, moule, noisettes, noix, petits pois, rillettes, salsifis, saumon fumé, veau, yaourt (de 0.1 à 0.19 mg/100 gr).

Vitamine B3 ou PP (Niacine) en mg pour 100 g. (AQR : 18 mg)

Céréales (17,6 mg/100 gr), cacahouète (15 mg/100 gr), thon (11,2 mg/100 gr), veau (9 mg/100 gr), lapin (8,1 mg/100 gr), jambon fumé (8 mg/100 gr), saumon fumé (7,8 mg/100 gr), dinde (7 mg/100 gr), hareng fumé (6,5 mg/100 gr), poulet (6,2 mg/100 gr), jambon cuit (6 mg/100 gr), maquereau, porc (5,7 mg/100 gr), agneau, bœuf, canard (de 5 à 5,5 mg/100 gr), champignons, oie (de 3 à 4 mg/100 gr), asperge, avocat, biscotte, cabillaud, camembert, crevettes, pruneaux, huître, maïs, pain, pêche, moule, noisettes, noix, pomme de terre, petits pois, sole (de 1 à 2.9 mg/100 gr).

Vitamine B5 (Acide Pantothénique) en mg pour 100 g. (AQR : 6 mg)

Champignons, cacahouètes (2,2 mg/100 gr), oie (1,6 mg/100 gr), canard (1,5 mg/100 gr), noix, œuf (1,4 mg/100 gr), noisette (1,3 mg/100 gr), poulet (1,2 mg/100 gr), dinde, hareng fumé, haricots verts (0,9 mg/100 gr), avocat, lapin, porc (0,8 mg/100 gr), brie, camembert (0,7 mg/100 gr), œuf, chocolat, fromage blanc, huîtres, jambon fumé (0,6 mg/100 gr), glace au lait, lentille, maïs, maquereau, vin (0,5 mg/100 gr).

Vitamine B6 (Pyridoxine) en mg pour 100 g. (AQR : 2 mg)

Céréales (1,8 mg/100 gr), moules (0,8 mg/100 gr), noix (0,67 mg/100 gr), saumon fumé (0,6 mg/100 gr), noisettes (0,57 mg/100 gr), jambon fumé, mouton (0,5 mg/100 gr), banane, lapin, oie (0,47 mg/100 gr), bœuf, veau, oie, jus d'orange, jambon cuit, dinde (0,4 mg/100 gr), cabillaud, cacahouètes, hareng fumé, thon, poulet, porc, miel (de 0,3 à 0,4 mg/100 gr).

Vitamine B8 ou H (Biotine) en µg pour 100 g. (AQR : 100 à 200 µg)

Levure de bière (90 µg/100 gr), chocolat (35 µg/100 gr), chou-fleur, poids secs, champignons (20 µg/100 gr), oeuf (13 µg/100 gr), haricot, farine (12 µg/100 gr), poulet (10 µg/100 gr), autres viandes (2 à 5 µg/100 gr).

Vitamine B9 (Acide Folique) en µg pour 100 g. (AQR : 200 à 300 µg)

Céréales (300 µg/100 gr), noix (155 µg/100 gr), brie (150 µg/100 gr), épinard (140 µg/100 gr), noisettes (113 µg/100 gr), melon (100 µg/100 gr), camembert (96 µg/100 gr), haricots verts (70 µg/100 gr), betterave, cacahouètes, fraise, lentilles, œuf (de 60 à 69 µg/100 gr), avocat, chou-fleur, endive, petits pois, poireau (de 50 à 59 µg/100 gr), cerise, maïs, orange, salade (de 30 à 49 µg/100 gr).

Vitamine C (Acide ascorbique) en mg pour 100 g. (AQR : 60 à 80 mg).

Fraise (60 mg/100 gr), céréales, orange (53 mg/100 gr), jus d'orange (39 mg/100 gr), chou-fleur, citron (38 mg/100 gr), pamplemousse (37 mg/100 gr), salade verte (36 mg/100 gr), melon, framboise (25 mg/100 gr), tomate (18 mg/100 gr), haricot vert (16 mg/100 gr), petits pois, jambon fumé (14 mg/100 gr), avocat, ananas, asperge, banane, épinard, jambon cuit, navet (10 mg/100 gr), betterave, carotte, céleri rave, cerises, oignon, poireau, pomme de terre, pomme, prune, raisin, salsifis, pêche, poire, artichaut, épinard, huîtres (de 4 à 9 mg/100 gr).

Vitamine D3 (Calciférol) en µg pour 100 g. (AQR : 3 à 10 µg, soit 100 à 400 UI).

Saumon fumé (19 µg/100 gr), hareng fumé (8,3 µg/100 gr), margarine (8 µg/100 gr), maquereau (5,5 µg/100 gr), huître (5 µg/100 gr), thon (3,5 µg/100 gr), céréales (2.8 µg/100 gr), oeuf (1,7 µg/100 gr), beurre (1,3 µg/100 gr), jambon fumé (0,6 µg/100 gr), camembert, gruyère, tarte aux fruits, jambon cuit (0.3 µg/100 gr), brie, crème, fromage blanc (0,2µg/100 gr), crevettes (0,1µg/100 gr).

Vitamine E (Alpha Tocophérol) en mg pour 100 g. (AQR : 15 mg)

Noisette (25 mg/100 gr), huile végétale (17,2 mg/100 gr), mayonnaise (17 mg/100 gr), margarine (10 mg/100 gr), cacahouètes (8,5 mg/100 gr), noix (4,1 mg/100 gr), pruneaux, moules, salsifis (2,4 mg/100 gr), beurre (2 mg/100 gr), avocat (1,9 mg/100 gr), épinards (1,8 mg/100 gr), saumon fumé (1,7 mg/100 gr), crevettes, asperge (1,5 mg/100 gr), biscotte, sorbet, oeufs (1,2 mg/100 gr), tomate, haricots verts (1 mg/100 gr), brie, cabillaud, carotte, camembert, chocolat, crème fraîche, huître, sole, pêche, poire, poireau, prune, raisin, salade verte, tarte aux fruits, thon (de 0,5 à 0,9 mg/100 gr).

CHAPITRE XVI

Le modèle méditerranéen

L'alimentation dans les pays du pourtour méditerranéen a toujours fasciné les chercheurs en nutrithérapie car leurs habitants sont dans un état de santé nettement supérieur à ceux de nombreuses régions du monde !

Ces populations présentent en effet une espérance de vie très élevée et une faible fréquence des maladies cardiovasculaires, dont l'infarctus du myocarde, et des affections cancéreuses qui sont les principales causes de décès dans les pays développés.

Le secret de leur robustesse et de leur longévité se trouverait dans leur alimentation ! Ce qui a été démontré scientifiquement par de nombreuses recherches épidémiologiques (épidémiologie : science médicale s'intéressant aux relations existant entre les maladies humaines et leurs conditions d'apparition).

Ainsi, un épidémiologiste originaire des États-Unis (pays où les cancers et l'infarctus du myocarde font d'énormes dégâts), Ancel Keys, démontra dans les années soixante les disparités régionales d'apparition de ces deux fléaux entre les Etats-Unis et les pays méditerranéens.

Il nota particulièrement l'absence quasi-totale d'infarctus du myocarde chez les Italiens du Sud. D'autres études confirmèrent depuis que le pourtour méditerranéen était avec l'Extrême-Orient, la seule partie du monde où l'on remarquait un tel phénomène.

Une nouvelle étude menée par Ancel Keys, cette fois-ci étendue à ces deux zones du globe, attesta qu'un Américain de quarante-cinq ans avait de 50 à 100 fois plus de chances de mourir d'un infarctus qu'un Italien, un Grec ou un

Japonais du même âge !

De même, quand des Asiatiques ou des Méditerranéens émigrent vers d'autres pays développés et qu'ils se conforment à leurs habitudes alimentaires, ils contractent rapidement le même risque de subir un infarctus du myocarde !

Ces deux faits prouvent que le mode de vie et les habitudes alimentaires jouent un grand rôle dans notre état de santé.

Une longévité basée sur une alimentation saine

Ce qui se révéla assez étonnant dans ces recherches fut que l'on constata que les Asiatiques et les Méditerranéens, vivant dans leur pays, n'étaient en moyenne, ni plus, ni moins gros ou diabétiques, avaient la même pression artérielle et fumaient autant que les habitants des pays les plus développés !

En revanche, les chercheurs établirent que les habitudes alimentaires de ces deux parties du monde étaient non seulement différentes mais parfois radicalement opposées !

On constata que les Méditerranéens mangent principalement du pain et des céréales, des légumes et des fruits et dans une moindre mesure de la viande et du poisson. Alors que les Américains mangent en priorité de la viande et des produits d'origine animale tandis que les légumes, les fruits et surtout les céréales se retrouvent peu ou pas du tout dans leur assiette.

De même, le taux de cholestérol des Méditerranéens était plus bas que celui de leurs contemporains américains.

Par ailleurs les populations méditerranéennes ont des

apports lipidiques plutôt végétaux, notamment à base d'huile de table, principalement d'olive mais aussi, bien qu'en moindre quantité, de maïs, de pépin de raisin, de carthame, de soja (en Asie), de tournesol.

Or, plus une huile est riche en acides gras polyinsaturés, plus elle est fragile et s'oxyde, autrement dit, elle rancit. Ce qui est vrai pour les huiles précitées.

Ainsi, si des acides gras polyinsaturés oméga 6 permettent de diminuer le taux de cholestérol dans le sang, ils fragilisent les membranes cellulaires et facilitent l'apparition des thromboses et des cancers !

Ce qui n'est pas le cas avec les acides gras polyinsaturés oméga 3 qui stoppent les thromboses et s'opposent à la prolifération cancéreuse.

Or les deux huiles principalement consommées par les peuples de la Méditerranée sont les huiles d'olive et de colza, car elles sont fabriquées artisanalement et se conservent aisément (elles s'oxydent très lentement).

Une autre étude menée en Angleterre dans les années quatre-vingt montra de plus qu'en augmentant la quantité de poisson consommée, même modérément, on réduisait de 30 % le taux de mortalité cardiaque.

Parmi les nombreuses recherches menées en la matière, il faut noter celle qui fut menée en France par M. de Lorgeril entre 1988 et 1995. Elle se pencha sur les variations existant entre des patients ayant eu un infarctus et suivant un régime méditerranéen strict et des patients se conformant au régime habituellement recommandé après un infarctus par des médecins.

Globalement, le régime méditerranéen préconisait :

• de manger principalement du pain, complet de préférence, des céréales, des légumes et des fruits frais ou secs,

• de ne pas boire d'alcool, seul un peu de vin étant autorisé, mais rouge et pendant le repas,

• de remplacer la viande par le poisson (à ne consommer que deux fois au plus par semaine). Si des viandes étaient consommées, elles devaient être plutôt blanches (poulet, dinde, veau...) que rouges (bœuf, agneau, mouton, porc...),

• de supprimer les matières grasses telles que le beurre, la margarine industrielle et la crème et de ne consommer que des huiles végétales de colza et d'olive.

Les résultats furent spectaculaires car la mortalité consécutive à une maladie cardio-vasculaire fut réduite de 50 % et le risque de récidive d'un infarctus du myocarde de 70 % !

Il serait donc urgent que nous nous inspirions de cette étude et surtout des habitudes alimentaires des peuples de la Méditerranée, à condition évidemment de se procurer des aliments de bonne qualité pour améliorer notre état de santé, et accroître notre longévité.

Ce modèle méditerranéen, soit dit en passant, ne fait que conforter la thèse de ce livre sur les aliments guérisseurs et leurs vertus thérapeutiques.

Sa validité ne pourra que renforcer votre volonté de changer dès aujourd'hui votre régime diététique habituel, même si vous le faites en douceur, afin comme le dit l'expression populaire de ne plus " creuser votre tombe avec vos dents ! "

INDEX

LEXIQUE DE TERMES MÉDICAUX ET SCIENTIFIQUES

Ce lexique des termes médicaux et scientifiques n'est pas un dictionnaire médical.

Il se contente de recenser les principaux termes dont les définitions sont indispensables à la bonne compréhension de cet ouvrage.

La recension et l'explication de tous les termes médicaux et scientifiques compris dans ce guide auraient demandé un nombre de pages quasiment égal à celui de ce livre !

Aussi, pour les termes ne figurant pas dans ce lexique, veuillez vous reporter à un dictionnaire médical ou à une encyclopédie scientifique.

Akène : fruit sec ne contenant qu'une seule graine ne s'ouvrant pas à maturité.

Alcaloïde : nom générique de plusieurs substances organiques d'origine végétale à caractère basique. Très utilisées en pharmacologie, les alcaloïdes ont une action physiologique importante, soit toxique soit thérapeutique.

Analgésique : qui diminue ou supprime la douleur.

Antalgique : qui diminue la douleur.

Antihistaminique : substance empêchant la formation d'histamine dans l'organisme ou s'opposant à son action. L'histamine est une amine présente dans divers tissus animaux et provoquant la sécrétion du suc gastrique, entraînant la contraction des artères, dilatant les capillaires et jouant un rôle de médiateur chimique dans les réactions allergiques.

Antiseptique : se dit d'un produit qui détruit les bactéries et empêche leur prolifération.

Antiprurigineux : qui empêche le prurit (sensation de démangeaison).

Antispasmodique : qui combat les spasmes.

Antitussif : se dit des médicaments calmant ou supprimant la toux.

Antioxydant : substance combattant les radicaux libres responsables du vieillissement.

Apéritif : qui ouvre l'appétit.

Asthénie : fatigue générale.

Astringent : qui resserre les tissus vivants.

Bactéricide : qui tue les bactéries.

Bractée : petite feuille fixée au pédoncule floral, souvent de couleur vive.

Carminatif : favorisant l'élimination des gaz intestinaux.

Cholécystokinétique : améliorant les contractions de la vésicule biliaire.

Cholérétique : si dit des substances facilitant l'augmentation de la sécrétion biliaire.

Cholagogue : se dit des substances facilitant l'évacuation biliaire.

Diurétique : qui augmente la sécrétion urinaire.

Dyspepsie : digestion difficile et douloureuse.

Emménagogue : se dit des substances provoquant ou favorisant les règles.

Enthelmintique : action sur les vers intestinaux.

Enurésie : incontinence d'urine, le plus souvent la nuit.

Eréthisme : excitation d'un organe.

Eupeptique : favorisant la digestion.

Expectorant : facilitant l'expulsion buccale des substances encombrant les voies respiratoires.

Fébrifuge : qui fait baisser la fièvre.

Galactogène : qui provoque la sécrétion lactée

Hématopoïétique : aidant à la production des cellules sanguines.

Hémostatique : qui arrête les hémorragies.

Hépatoprotecteur : protecteur du foie.

Hypocholestérolémiant : provoquant une baisse du taux de cholestérol.

Hypoglycémiant : qui provoque l'hypoglycémie (diminution du taux de glucose sanguin).

Hypotenseur : qui diminue la tension artérielle.

Ictère : coloration jaune de la peau et des muqueuses appelée couramment jaunisse.

Isotonique : maintient l'équilibre entre l'intérieur et l'extérieur d'une cellule.

Linoléique (acide) : acide gras monoacide entrant dans la composition des lipides.

Lipogénèse : formation des lipides dans les organismes

végétaux et animaux par une succession de réactions enzymatiques.

Mucilagineux : qui contient du mucilage, substance végétale secrétée par les cellules de certaines plantes qui, en présence d'eau, gonfle et forme une gelée

Oléique (acide) : acide gras naturel très courant dans les graisses animales et végétales.

Phythormone ou phytohormone : composé chimique fabriqué par certains organes des végétaux agissant sur la différenciation des tissus et sur la croissance et la division cellulaire.

Protéolytique : facilitant l'hydrolyse enzymatique des protéines.

Sédatif : remède calmant, diminuant l'activité fonctionnelle d'un organe ou d'un système.

Sénescence : affaiblissement des capacités causé par le vieillissement.

Stomachique : qui facilite la digestion gastrique.

Ténifuge : qui provoque l'expulsion des ténias.

Théobromine : alcaloïde extrait principalement du cacao mais aussi du thé, de la noix de kola et du café bien qu'en plus faibles quantités.

Tonique : reconstituant, stimulant. Qui augmente la vigueur de l'organisme.

Vasoconstricteur : qui réduit le diamètre des vaisseaux sanguins.

Vasodilatateur : qui augmente le diamètre des vaisseaux sanguins.

TABLE DES MATIÈRES

Achevé d'imprimer
sur les presses de l'Imprimerie Moderne de Bayeux
ZI, 7, rue de la Résistance, 14401 BAYEUX
Dépôt légal : n° 10107 - Octobre 2002